BODO VON PLATO

Zur Entwicklung der Anthroposophischen Gesellschaft

Anregungen zur anthroposophischen Arbeit 14

BODO VON PLATO

Zur Entwicklung der Anthroposophischen Gesellschaft

Ein historischer Überblick

VERLAG FREIES GEISTESLEBEN

CIP–Kurztitelaufnahme der Deutschen Bibliothek

Plato, Bodo von:
Zur Entwicklung der Anthroposophischen
Gesellschaft: e. histor. Überblick / Bodo von Plato.
Stuttgart: Verlag Freies Geistesleben, 1986.
(Anregungen zur anthroposophischen Arbeit; 14)

ISBN 3-7725-0854-5

NE: GT

Einband: Walter Roggenkamp

Satz und Druck: Chr. Kammler, Stuttgart

Inhalt

Vorbemerkung

Die Orientierung innerhalb der seit über 60 Jahren bestehenden und sich entwickelnden Anthroposophischen Gesellschaft und deren Zukunftsausrichtung bedürfen eines ihr angemessenen Geschichtsbewußtseins.

Die Frage nach der Geschichte der Anthroposophischen Gesellschaft wird daher in jedem leben, der sich der Anthroposophie verbunden hat.

Ein Versuch aber, über diese Geschichte zu schreiben, muß bei dem Kenner der Zusammenhänge auf Skepsis stoßen. Die Problematik der Geschichtsschreibung an sich sowie die Vielschichtigkeit und Stoffülle, denen sich ein derartiges Anliegen gegenüberfindet, mahnen zur Zurückhaltung. Es scheint heute noch kaum möglich, eine ausgewogene, den ganzen bisherigen Werdegang der Anthroposophischen Gesellschaft begreifende Darstellung zu geben.

Die Notwendigkeit und das unabweisbare Bedürfnis nach einer Überschau zur Geschichte der Anthroposphischen Gesellschaft rechtfertigt vielleicht dennoch einen ersten Schritt in diese Richtung.

Es liegt in der Natur der Sache, daß bis 1925 Rudolf Steiner in seinem Wirken als Repräsentant der anthroposophischen Bewegung im Vordergrund steht. Ab 1923 soll der Blick vorwiegend auf die Allgemeine Anthroposophische Gesellschaft und die Dornacher Entwicklungen gerichtet bleiben. Auf die Wirksamkeit der Geisteswissenschaft in der Kulturwelt sowie auf die Gestaltungen der einzelnen Landesgesellschaften, Zweige und Arbeitsgruppen kann nur am Rande hingewiesen werden.

Daß es diesem Versuch nicht angelegen sein kann, die einer wesentlich anderen Forschungsart sich erschließenden karmischen Hintergründe – durch die allein erst ein angemessenes Verstehen und eine Beurteilung des Vorgegangenen möglich wird – zu deuten, liegt auf der Hand.

Die Namensnennung wurde auf ein Minimum beschränkt, um die Überschaubarkeit zu erhalten.

Zur Urteilsbildung über den Wert der Allgemeinen Anthroposophischen Gesellschaft und der Freien Hochschule für Geisteswissenschaft reicht diese Schrift selbstverständlich nicht aus, möchte aber dazu anregen.

Es darf angemerkt werden, daß diese Arbeit als Abschluß eines Studiums am Institut für Waldorfpädagogik in Witten-Annen entstand.

Herzlich gedankt sei all jenen, die die Entstehung dieser Schrift unterstützt haben.

Januar 1986 *Bodo von Plato*

Geleitwort

Wer die Anthroposophie ernsthaft sucht, findet eines Tages auch die Anthroposophische Gesellschaft, mit der sich die anthroposophische Bewegung zu Weihnachten 1923 verbunden hat, so daß diese Gesellschaft als «Werk» Rudolf Steiners angesehen werden kann, das heißt als Anthroposophie. Diese Gesellschaft hat eine leidvolle Geschichte, und sie ist, wie jede Geschichte, auch eine «Fable convenue». Hier schreibt sie ein junger Mensch, der nicht teilgenommen hat, mit dem Vorzug der Distanz.

Einwände sind möglich. Das Buch enthält einen Überblick über geschichtliche Ereignisse, nicht deren Deutung. So findet der Leser zum Beispiel keinen erhellenden Hinweis auf den Zusammenhang jener Stiftung einer ‹Gesellschaft für theosophische Art und Kunst› von 1911 mit der Weihnachtstagung zur Begründung der ‹Allgemeinen Anthroposophischen Gesellschaft› und der ‹Freien Hochschule für Geisteswissenschaft› 1923. Es ist nicht mehr und will nicht mehr sein als der Versuch einer Skizze zur Geschichte der Anthroposophischen Gesellschaft. Ein erster Überblick kann tiefere Dimensionen eines Mysteriums nicht erschließen und muß auch notwendig lückenhaft bleiben. So werden Kenner vielleicht einen Hinweis auf den «Scheveninger Kreis» vermissen, in dem sich 1956 führende Persönlichkeiten in Holland, England, Skandinavien und Deutschland zusammenschlossen, um den Freunden, die durch Ausschluß oder persönliche Zurückhaltung nicht mehr in der Allgemeinen Anthroposphischen Gesellschaft mitarbeiteten, die Zusammenarbeit wieder zu ermöglichen. Aber sollte man wegen solcher Lücken den immer zahlreicher an die Anthroposophie herankommenden Menschen das Büchlein vorenthalten?

Die historische Distanz bedingt Quellenstudium. Wesentliche Verhandlungen mit entsprechenden Wirkungen wurden aber nicht aufgeschrieben – beispielsweise im «Scheveninger Kreis». Der Vorzug der Distanz überwiegt diesen Nachteil. Historische Erkenntnis ist ohne objektivierende Distanz gar nicht möglich.

Vielleicht wird auch der Einwand erhoben, hier werde der Eindruck einer «Negativgeschichte» erweckt. Konflikte werden ins Bewußtsein gehoben. Das kann heilsam wirken. – Der Leser wird auch darauf aufmerksam gemacht, daß der Anthroposophischen Gesellschaft seit Weihnachten 1923 ein Hochschulimpuls innewohnt. Dieser Hochschulimpuls hat in den verschiedenen Sektionen kulturerneuernd gewirkt und wirkt weiter in die Zukunft, für jedermann wahrnehmbar in zahlreichen Institutionen im sozialen Leben, in den Künsten und in den Wissenschaften. Dies Wirken nach außen zu beschreiben, war nicht die Aufgabe des Autors. Es gehört aber urspünglich und wesentlich zur Geschichte der Anthroposophischen Gesellschaft, wenn sie ihren Gründungsimpuls von 1923 ernst nimmt. Das Bild einer Negativgeschichte, die Tragik der Anthroposophischen Gesellschaft, gründet im mangelnden Verständnis ihres Hochschulimpulses.

Viel wurde schon geschrieben zur Geschichte der Anthroposophischen Gesellschaft – so daß diese Geschichte auch eine Geschichte von Geschriebenem ist –, aber bisher nur selten ohne subjektiven Ausdruck persönlichen Betroffenseins, der Parteinahme. Aus all den vorhandenen und teilweise widersprüchlichen Bildern eine im ganzen objektive Skizze zu entwerfen, ist an sich schon eine bedeutende Leistung historischen Sehens, wenn auch der Autor nicht die von Rudolf Steiner angeregte «symptomatologische» Betrachtung übt, sondern sich auf einen chronologischen Überblick beschränkt.

Bodo von Plato schreibt in einem vornehm zurückhaltenden,

bedächtig abwägenden und nie verletzenden Stil. Und wenn sein Versuch notwendig Fragen aufwirft, so sehe ich darin keinen Nachteil; denn sein Bild von dieser Geschichte ist zutreffend, so daß es vielen suchenden Menschen zur Orientierung dienen wird. Wer dann weiter in die Tiefe gehend fragt, hat den Autor gut verstanden.

Manfred Krüger

I
Die Theosophische Gesellschaft

Die durch Rudolf Steiner in Erscheinung tretende anthroposophische Bewegung entwickelt sich in einer ersten gemeinschaftsbildenden Phase im Rahmen der Theosophischen Gesellschaft.[1] Es sollen daher die Entstehung und einige bedeutende Persönlichkeiten der Theosophischen Gesellschaft kurz dargestellt werden.

HELENA PETROWNA BLAVATSKY (1831–1891)[2] wurde in der Ukraine als Tochter eines aus Mecklenburg stammenden Obersten in russischen Diensten (Peter Hahn von Rottenstein) und der Russin Helene Fadéef geboren. Ihr Wirken steht am Anfang der Theosophischen Gesellschaft. Ihre ausgeprägte Neigung und Fähigkeit, zu denjenigen Kräften und Wesen, die einer gegenwärtig-gewöhnlichen Bewußtseinskonstitution unzugänglich sind, eine Beziehung herzustellen, läßt sie früh in Kontakt treten mit den in der zweiten Hälfte des 19. Jahrhunderts zahlreichen und wachsenden Menschengruppen, die sich mit Mesmerismus, Mediumismus, Spiritismus, Hellsehertum u.s.f. beschäftigen. Ständige, ausgedehnte Reisen in der ganzen Welt seit ihrem 18. Lebensjahr geben ihr dazu ausreichend Gelegenheit. Längere Aufenthalte in Indien und Nordamerika bilden Ruhepunkte in ihrem rastlos erscheinenden Lebensgang.

Durch ihre mediumistischen Fähigkeiten wirkt sie seit 1874 in verschiedenen spiritistischen Zirkeln der USA, die dort in besonderer Blüte stehen. In diesen Séancen werden Verstorbene und andere übersinnliche Wesen durch verschiedene Praktiken für die Teilnehmer sinnlich wahrnehmbar gemacht.

Die Begegnung mit HENRY STEEL OLCOTT (1832–1907), einem erfahrenen Organisator – Offizier im Sezessionskrieg (1861–1865) und Journalist des ‹Daily Graphik› – führt zur Gründung eines eigenen Kreises, der Sammelpunkt für geistig suchende Menschen verschiedenster Prägung wird. Im November 1875 wird anschließend an diesen Kreis die ‹Theosophical Society› als Geheimgesellschaft gegründet. Die Strukturen dieser Gesellschaft werden bewußt in enger Anlehnung an freimaurerische Organisationsformen gebildet. Zu den führenden Mitarbeitern H. P. Blavatskys zählen neben Olcott A. SINNETT (1840–1921), W. Q. JUDGE (1851–1896), F. HARTMANN (1838–1912), W. HÜBBE-SCHLEIDEN (1846–1916), A. BESANT (1847–1933) und C. W. LEADBEATER (1847–1934).

Die Verbindung der großen Weltreligionen durch das Herausarbeiten der ihnen gemeinsam zugrunde liegenden Realitäten, die erkenntnismäßige Erhellung des menschlichen Daseins und die Entwicklung verborgen ruhender Fähigkeiten des Menschen sind erklärte Ziele dieser Menschengemeinschaft; sie sucht zunächst nicht die Öffentlichkeit, sieht aber die Vorbereitung einer Kultur der Zukunft als ihre vornehmste Aufgabe.

Nach der Begründung der Theosophischen Gesellschaft treten die spiritistischen Aktivitäten bald in den Hintergrund, zugunsten einer eindringlichen Beschäftigung mit den Geheimwissenschaften, Religionssystemen und Philosophien verschiedener Kulturkreise. 1877 erscheint als erste Frucht dieser Bemühungen, verbunden mit den Fähigkeiten H. P. Blavatskys, eines ihrer ersten Hauptwerke: ‹Isis Unveiled; A Master Key of the Mysteries of Ancient and Modern Science and Theology›.[3]

Die Suche nach einer geistigen Welt erscheint jetzt in wesentlich veränderter Form: Es wird nicht mehr versucht, den Sinnen Unzugängliches mit Hilfe undurchsichtiger Techniken in den Bereich der sinnlichen Wahrnehmung zu zwingen, sondern vielmehr soll die Seele sich durch Selbsterziehung und Erweiterung des Bewußtseins für die Wahrnehmung übersinnlicher Vorgänge geeignet machen.

Ende der siebziger Jahre reisen H. P. Blavatsky und H. S. Olcott, der erste Präsident der Theosophischen Gesellschaft, nach Indien, um tiefer in die orientalischen Weltanschauungen einzudringen. Dort wird 1879 die Gesellschaft mit allgemein verständlichen Richtlinien zu einer Weltgesellschaft umgeformt (siehe Anhang 1); es beginnt die Gründung von zahlreichen Einzelgruppen in vielen Ländern, die sich aus zumeist extravaganten und kultivierten Menschen zusammensetzen. Sie fühlen sich in den herrschenden, offiziellen Weltanschauungen, Konfessionen und Geistesströmungen nicht beheimatet und leben in der Sehnsucht nach Spiritualität, sowie in einer nicht allein durch materialistisches Denken zu befriedigenden Erkenntnissuche. Rudolf Steiner bezeichnete diese Menschen daher als «heimatlose Seelen»[4]. Erst etwa fünfzehn Jahre später beginnt die systematische Organisation von Landes-Sektionen. Anfang der achtziger Jahre wird der Sitz der Gesellschaft, bis dahin New York, nach Indien (zunächst Bombay, ab 1882 Adyar) verlegt, wo sich für eine Entfaltung besonders geeignete Umstände finden.

Der Einfluß der orientalischen Weltvorstellungen und Lebenshaltung nimmt in den folgenden Jahren zu, und das bis dahin ausgewogene Ernstnehmen sämtlicher Weltauffassungen tritt zugunsten des Buddhismus und Hinduismus in den Hintergrund. H. P. Blavatsky selbst wird Buddhistin. Mitte der achtziger Jahre führen Entdeckungen von Schwindeleien in Adyar, bezüglich angeblicher Mitteilungen aus höheren Welten (‹Meister-Briefe›) zu einem Verlust an Ansehen der Theosophischen Gesellschaft in der Öffentlichkeit; andererseits gelangt sie nicht zuletzt dadurch zu einer gewissen Popularität. Erste Spaltungen in der Theosophischen Gesellschaft sind die Folge.

Die amerikanische Theosophische Gesellschaft erklärt 1886 ihre Unabhängigkeit von der von Adyar aus geleiteten Gesellschaft und wählt W. Q. Judge zum Präsidenten; ihm eng verbunden ist K. A. TINGLEY (1847–1929). Sie steht den östlichen Tendenzen ferner und ist bestimmend für die innere Ausrichtung dieser Gruppe. Ab 1897 übernimmt sie die Leitung dieser 1895 sich gänzlich verselbständigenden ‹Theosophical Society in America›. Diese existiert bis heute unter dem Namen ‹Theosophical Society International (TSI)›.

H. P. Blavatsky, von 1885 bis zu ihrem Tode in London lebend, läßt 1888 ihr zweites Hauptwerk ‹The Secret Doctrine: The Synthesis of Science, Religion and Philosophy› erscheinen, das die kosmische Evolution und die Entwicklung der Menschheit aufzeichnet, so wie sie sich ihr ergeben hatten.[5] ‹Die Geheimlehre› wird zur gemeinsamen Grundlage der verschiedenen theosophischen Gruppierungen.

Der vom Buddhismus und Hinduismus geprägte Hauptstrom der Theosophischen Gesellschaft findet – noch immer unter der Präsidentschaft H. S. Olcotts – in der Engländerin Annie Besant eine hervorragende Repräsentantin. Calvinistisch erzogen, verbindet sie sich als Jugendliche dem Katholizismus, wird im Laufe der siebziger Jahre zur Atheistin und ist in sozialistischen Kreisen Englands der frühen achtziger Jahre engagiert. Durch die ‹Secret Doctrine› stößt sie auf H. P. Blavatsky und damit auf eine neue, ungekannte Welt, in der sie jene Fragen und Antworten findet, denen ihr Suchen in verschiedenen Richtungen galt. 1889 wird sie Mitglied der Theosophischen Gesellschaft und zählt aufgrund ihrer vielfältigen Begabungen und weltgewandten Lebensart bald zu den führenden Kreisen; sie gehört in den letzten Lebensjahren H. P. Blavatskys zu ihren engsten Vertrauten.

Bereits 1893 wirkt sie in Adyar und übernimmt die Leitung der 1886 von H. P. Blavatsky gegründeten und geführten ordensähnlichen Einrichtung innerhalb der Theosophischen Gesellschaft, der sogenannten EST (Eastern School of Theosophy, oder ES: Esoteric Section). Zu den Aufgaben dieser Institution gehört vor allem die innere Schulung der in ihr vertretenen, ernannten Mitglieder. Ein Beitritt allein aus eigenem Wunsch ist unmöglich, ein bekenntnisartiges Gelübde vereint die Zugehörigkeit zu einem festgeschlossenen Bund.

Der bis Anfang der achtziger Jahre als anglikanischer Geistlicher tätige G. W. Leadbeater wird A. Besants Sekretär und engster Mitarbeiter. Er gehört ebenfalls zur Leitung der Esoteric Section und unterrichtet unter anderem an einer theosophischen Schule in Madras.

A. Besant, dem Hinduismus besonders verbunden, übernimmt 1907, nach Olcotts Tod, die Präsidentschaft und leitet die Theosophische Gesellschaft bis 1933.

In Deutschland beginnt die Entwicklung der Theosophischen Gesellschaft – nach unbedeutenden Vorläufern – 1884, als in Gegenwart H. S. Olcotts in Elberfeld die ‹Theosophische Societät Germania› unter Präsidentschaft des Juristen und Volkswirtschaftlers Wilhelm Hübbe-Schleiden gegründet wird. Für diesen steht der Wissenschaftsanspruch des theosophischen Strebens im Vordergrund.

Mitte der neunziger Jahre wird durch Franz Hartmann, der in Adyar bis 1885 mit H. P. Blavatsky zusammengearbeitet hatte und sich durch profunde Kenntnisse der okkulten Strömungen auszeichnet, in enger Verbindung mit der von K. A. Tingley repräsentierten theosophischen Strömung ein deutscher Zweig der ‹Theosophical Society in America› begründet: die ‹Theosophische Gesellschaft in Deutschland (TGiD)›. Hier herrscht ein ausgeprägter mystisch-religiöser Zug vor. Nach ihrer Distanzierung von der TSI 1897 besteht sie als organisatorisch eigenständige ‹Internationale Theosophische Verbrüderung (ITV)› bis in die Gegenwart. Es existieren folglich um die Jahrhundertwende in Deutschland drei voneinander zu unterscheidende, wenn auch zusammenhängende Gruppen:

Die ‹Theosophische Gesellschaft›, gegründet 1884;
Reste der Amerika-orientierten ‹Theosophischen Gesellschaft in Deutschland› gegründet 1896;
die ‹Internationale theosophische Verbrüderung› Franz Hartmanns, gegründet 1897.

Die ‹Theosophische Gesellschaft› (von 1884) ist nach der Jahrhundertwende die mitgliederstärkste und aktivste; sie steht seit 1896 mit dem von Olcott präsidierten und innerlich von Besant aus Adyar geleiteten Gesellschaftsorganismus in engem Zusammenhang. Diese Verbindung findet 1902 in Berlin ihren offiziellen Ausdruck in der Begründung der ‹Deutschen Sektion der Theosophischen Gesellschaft›. Als Generalsekretär wird Rudolf Steiner vorgeschlagen. Er leitet sie bis zu seinem Austritt im Jahre 1912. 1913 übernimmt Hübbe-Schleiden die Neuorganisation. Heute befindet sich das Generalsekretariat der deutschen Sektion der Theosophischen Gesellschaft in Hamburg.

II
Rudolf Steiner im 19. Jahrhundert

Um die Geschichte der Anthroposophischen Gesellschaft zu überschauen, ist es notwendig, auf die Grundlegung der Anthroposophie durch Rudolf Steiner im letzten Drittel des 19. Jahrhunderts – auch wenn diese genugsam bekannt ist – einzugehen.[6]

1861 geboren, wächst Rudolf Steiner in kleinbürgerlichen, schlichten Verhältnissen in Nieder-Österreich heran. Er besucht das Realgymnasium in Wiener-Neustadt, wo er 1879 mit dem Abitur abschließt. Im selben Jahr nimmt er in Wien an der Technischen Hochschule das Studium der Mathematik, Physik, Biologie, Chemie und der Philosopohie auf. Naturwissenschaft und Philosophie – im besonderen Erkenntnis- und Wissenschaftstheorie – stehen am Anfang seines Weges.

KARL JULIUS SCHRÖER[7] (1825–1900), Professor für Literaturgeschichte, weckt sein Interesse für Goethe und vermittelt dem jungen Steiner 1883 die Möglichkeit der Herausgabe, Einleitung und Kommentierung von Goethes Naturwissenschaftlichen Schriften in Kürschners Deutscher National-Literatur.[8]

Die Entdeckung und Schulung an dem ‹Wissenschaftler Goethe› gibt ihm die entscheidenden Anknüpfungspunkte für die eigenständige forschende und schriftstellerische Tätigkeit. 1886 erscheint das Buch ‹Grundlinien einer Erkenntnistheorie der Goetheschen Weltanschauung›[9], in dem die Keime zur Überwindung der besonders von KANT (1724–1804) gesetzten absoluten Erkenntnisgrenzen (Kritik der reinen Vernunft) sowie der rein materialistischen Naturanschauung liegen.

«Die Denkungsart, von der die Naturwissenschaft seit dem Beginn ihres großen Einflusses auf die Zivilisation des neunzehnten Jahrhunderts beherrscht war, schien mir ungeeignet, zu einem Verständnis dessen zu gelangen, was Goethe für die Naturerkenntnis erstrebt und bis zu einem hohen Grade auch erreicht hatte. Ich sah in Goethe eine Persönlichkeit, welche durch das besondere geistgemäße Verhältnis, in das sie den Menschen zur Welt gesetzt hatte, auch in der Lage war, die Naturerkenntnis in der rechten Art in das Gesamtgebiet des menschlichen Schaffens hineinzustellen. . . . . Wie sich in Goethes Geist die Ideen belebt haben, wie sie Ideengestaltungen geworden sind, das versuchte ich für eine Erklärung der Goetheschen Naturanschauung darzustellen».[10]

Seine Dissertation über ‹die Grundfrage der Erkenntnistheorie mit besonderer Rücksicht auf Fichtes Wissenschaftslehre› führt 1891 zur Promotion zum Doktor der Philosophie und erscheint 1892 erweitert unter dem Titel ‹Wahrheit und Wissenschaft›.[11]

Um seinen Lebensunterhalt zu bestreiten, wirkt Steiner von 1884–1890 in einer Wiener Kaufmanns-Familie als Hauslehrer. Neben dem Unterricht für die drei ältesten Kinder wird ihm die Erziehung des hydrozephalitischen jüngsten Sohnes überantwortet, die zu dem Ergebnis führt, daß der erwachsene Zögling Arzt werden kann. Es legt dies Zeugnis ab für seine pädagogischen Fähigkeiten und Steiner selbst bemerkt: «Ich muß dem Schicksal dafür dankbar sein, daß es mich in ein solches Lebensverhältnis gebracht hat. Denn ich erwarb mir dadurch auf lebendige Art eine Erkenntnis der Menschenwesenheit, von der ich glaube, daß sie so lebendig auf einem anderen Wege von mir nicht hätte erworben werden können».[12]

In der Wiener Zeit von 1879–1890 veröffentlicht er zahlreiche Aufsätze in verschiedenen Zeitschriften;[13] 1888 wird er Redakteur der Deutschen Wochenschrift in Wien.

Die Aufforderung zur Herausgabe der naturwissensschaftlichen Schriften Goethes innerhalb der ‹Sophien-Ausgabe› führt ihn an das Goethe-Schiller-Archiv nach Weimar. Hier arbeitet er als freier Mitarbeiter von 1890–97. In dieser Zeit entsteht die schon erwähnte Dissertation und daran anschließend sein philosophisches Hauptwerk ‹Die Philosophie der Freiheit – Grundzüge einer modernen Weltanschauung› (1894)[14]. Diese ‹seelischen Beobachtungsresultate nach naturwissenschaftlicher Methode› bilden die Grundlage für eine Erweiterung des durch Naturwissenschaft geschulten Denkens zur realen Geist-Erkenntnis und damit für die anthroposophisch orientierte Geisteswissenschaft. Bewußtseinsgeschichtlich ist diese Geisteswissenschaft anzusiedeln zwischen alter, aus reiner Gott-Erkenntnis herrührender, aber erdenfremder Theosophie, dem Quellort jeder Religion (Orient) und andererseits der modernen, den Geist leugnenden, gottfernen Naturwissenschaft (Okzident). Sie verbindet die jeweils einseitigen Pole, indem ihr das Menschenwesen, ebenso der geistigen wie der physischen Welt entstammend, zum Ausgangspunkt und Ziel ihrer Erkenntnissuche wird; sie überhöht beide vorgenannten Anschauungen durch das Erarbeiten des die irdische ebenso wie die geistige Realität umfassenden und begreifenden anthroposophischen Weltbildes im Innern des frei-schöpferischen Menschen. Keimhaft vorgebildet findet sich diese Anthroposophie in der ‹Philosophie der Freiheit›, durch welche sich Steiner als Denker des ‹ethischen Individualismus› auszeichnet, der deutlich in der Tradition der abendländischen Ideen-Entwicklung steht und diese konsequent weiterführt.

In die Weimarer Zeit fällt auch die Bekanntschaft Rudolf Steiners mit dem Werk FRIEDRICH NIETZSCHES (1844–1900) und die Begegnung mit dem bereits in geistiger Umnachtung liegenden Philosophen. Gleichzeitig setzt er sich mit den Schriften des Darwinismus und ERNST HAECKELS (1834–1919) auseinander. Beides führt ihn zu einem intensiven Eintauchen in die geistigseelische Situation am Ende des 19. Jahrhunderts. Sein öffentliches Engagement für diese beiden Denker, das in mehreren Schriften und Aufsätzen zum Ausdruck kommt[15, 16], trägt ihm den Ruf eines Nietzscheaners bzw. Haeckelianers ein.

Die durch ihn besorgte Edition sämtlicher Werke Arthur Schopenhauers in 12 Bänden (1894) und der ausgewählten Werke Jean Pauls (1897) für den Stuttgarter Cotta-Verlag vertiefen jenes Eintauchen in die geistigen Strömungen des 19. Jahrhunderts. Am Ende dieser Periode – 1896/97 kann er die Arbeit im Goethe-Schiller-Archiv abschließen – erscheint ein zusammenfassendes Buch über ‹Goethes Weltanschauung› (1897).[17]

Diese wertvollen schriftstellerischen und philosophischen Leistungen finden jedoch kaum die ihnen gebührende Beachtung – weder in der damaligen wissenschaftlich noch in der literarisch gebildeten Welt.

Mit dem Jahr 1897 wird Berlin zu dem Ort, an dem Steiner für etwa fünfzehn Jahre – 1912/13 – seine Hauptwirksamkeit entfaltet. Hatte er es in Weimar besonders mit dem Erbe des deutschen Geisteslebens des letzten Drittels des 18. und ersten Drittels des 19. Jahrhunderts zu tun, so findet er sich im Berlin der Jahrhundertwende in einem Weltstadt-Sammelpunkt der vielfältigsten Kultur- und Geistesströmungen jener Zeit. Als freier Schriftsteller übernimmt er die Herausgeberschaft des ‹Magazins für Literatur› (1832 gegründet). Die Redaktion dieses Wochenblattes für einen literarisch-kulturell schaffenden und interessierten Menschenkreis ist ihm ein besonderes Anliegen, denn «ich hatte schon seit längerer Zeit daran gedacht, in einer Zeitschrift die geistigen Impulse an die Zeitgenossenschaft heranzubringen, von denen ich meinte, daß sie in die damalige Öffentlichkeit getragen werden sollten. Ich wollte nicht ‹verstummen›, sondern soviel sagen, als zu sagen war».[18]

Neben einer umfangreichen publizistischen Tätigkeit wirkt er von 1899–1904 in der von Wilh. Liebknecht (1826–1900) gegründeten Arbeiterbildungsschule. Seine Themen reichen von Geschichte und Literatur über Weltanschauungsfragen bis zu praktischen Redeübungen.

Als Vortragender spricht er vor den unterschiedlichsten Menschengruppen, vor wissenschaftlichen Gesellschaften und literarischen Klubs, wie etwa dem Kreis der ‹Kommenden› oder dem ‹Giordano Bruno Bund›.

1900/1901 schreibt er über ‹Welt- und Lebensanschauungen im neunzehnten Jahrhundert›, die 1914 erweitert als ‹Die Rätsel der Philosophie› erscheinen[19]: ein profunder Überblick über den Verlauf der Geistesgeschichte anhand der Philosophie von ihren griechischen Anfängen bis zur Wende vom 19. zum 20. Jahrhundert.

Die nun folgende Wandlung in Steiners Biographie, die ihn der Theosophischen Gesellschaft in Berlin naheführt, wird nur verständlich, wenn man berücksichtigt, daß hinter seinen äußeren literarischen und wissenschaftlichen Aktivitäten immer das wache Erleben einer realen geistigen Welt steht. Ihm war «das Erfahren von dem, was in der geistigen Welt erlebt werden kann ... immer eine Selbstverständlichkeit».[20] Seine erkenntnistheoretischen Schriften erweisen sich vor diesem Hintergrund als Ausdruck des verantwortungsvollen Ringens um eine philosophisch-rationale Basis für das lebendige Geist-Erleben im Innern. Mit anderen Worten: Dem Denken wird – sofern es entwicklungswillig ist – ein Zugang zu diesen ihm bisher verschlossenen Gebieten ermöglicht.

Aus dieser Tatsache ergibt sich konsequent seine reservierte, ja gelegentlich polemisch ablehnende Haltung denjenigen Anschauungen, Gesellschaften und Gruppierungen gegenüber, die sich allein an den Überlieferungen und Dogmen über die übersinnlichen Welten orientieren oder in undurchschaubarer Weise über sie Aussagen machen; vorzüglich also den spiritistisch-somnambulen Unternehmungen, aber nicht weniger den christlich-konfessionellen Kirchen gegenüber. Die besondere Stellung, die mit Beginn des 20. Jahrhunderts der Behandlung des Christentums zukommt, das in neuem Verständnis das Zentrum der anthroposophischen Bemühungen bildet, beruht folglich in keiner Weise auf der Anlehnung an tradierte Formen irgendeiner Art (Gnosis, Manichäismus o.a.), sondern allein auf inneren Erkenntniserrungenschaften.

«Auf das geistige Gestanden-Haben vor dem Mysterium von Golgatha in innerer ernstester Erkenntnis-Feier kam es bei meiner Seelen-Entwicklung an.»[21]

Nachdem er bereits 1899 im ‹Magazin für Literatur› über Goethes geheime Offenbarung im Anschluß an dessen ‹Märchen von der grünen Schlange und der schönen Lilie› geschrieben hatte[22], rückt am Beginn des 20. Jahrhunderts das Sprechen über Esoterik, über allein im Inneren der Seele erfahrbare Zusammenhänge der Welt und des Menschen, in den Vordergrund.

Im Winter 1900/01 wird Steiner eingeladen zu einem Vortragszyklus vor Mitgliedern der Theosophischen Gesellschaft in Berlin und spricht über ‹Die Mystik im Aufgang des neuzeitlichen Geisteslebens und ihr Verhältnis zur modernen Weltanschauung›[23] und im Winter 1901/02 über ‹Das Christentum als mystische Tatsache und die Mysterien des Altertums›.[24]

Neben diesem Engagement führt er seine fast alle Gesellschaftskreise durchziehende freie Lehrtätigkeit fort, was nicht selten zu Mißtrauen und Abwehr bei ideologisch oder dogmatisch festgelegten Persönlichkeiten führt. So wird ihm beispielsweise gegen den Willen der Arbeiter 1904 sein Lehrauftrag an der Arbeiterbildungsschule gekündigt, da seine Anschauungen nicht denen der Leiter dieser Anstalt entsprechen.[25]

Die Herausgeberschaft des ‹Magazins für Literatur› gibt er im Herbst 1900 ab, da es sich als aussichtslos erweist, durch dieses Organ weiterhin für die ihm vor Augen stehenden Aufgaben zu wirken.

III
Beginn der anthroposophischen Bewegung im Rahmen der Theosophischen Gesellschaft

Mit der Wirksamkeit Rudolf Steiners in den Jahren 1902–1912 innerhalb der Theosophischen Gesellschaft nimmt die anthroposophisch orientierte Geisteswissenschaft ihren Anfang. Eine erste Periode, von 1902–1909, ist besonders der Grundlegung des anthroposophischen Welt- und Menschenbildes sowie des Schulungsweges, d. h. den Umbildungsgesetzen des seelischen Erlebens, die dem Menschen die Fähigkeit erwachsen lassen, die Geisteswelt zu erforschen, gewidmet. Auf dieser Basis entsteht, 1907/08 beginnend, die den Mittelpunkt der Anthroposophie bildende Christologie. Mit dem Jahre 1909 tritt – vor allem durch Marie von Sivers angeregt – die aus Geist-Erkenntnis impulsierte Kunst ins Leben, zunächst in dramatischer, dann ebenso in architektonischer, plastischer und malerischer Form.[26]

Die spärlichen Kontakte, die Steiner schon während seiner Wiener Zeit zu Mitgliedern der Theosophischen Gesellschaft (Friedrich Eckstein und anderen)[27] hatte, blieben unbedeutend. Erst in Berlin lernt er Leben und Inhalt dieser Gesellschaft, die zu diesem Zeitpunkt mit etwa siebenhundert Zweigen in der ganzen Welt vertreten ist, näher kennen. Obwohl während der beiden Vortragszyklen im Winter 1900/01 und 1901/02 deutlich geworden war, daß seine Darstellungen ganz auf eigenen Forschungsergebnissen beruhten und nicht berührt waren von theosophischem Gedankengut, werden sie zum Anlaß, ihm im Herbst 1902 das Amt des Generalsekretärs der zu gründenden deutschen Sektion der aus Adyar geführten Theosophischen

Gesellschaft anzubieten. Steiner nimmt das Angebot an, was für viele, die ihn als kritischen Gegner dieser Gesellschaft kannten, sehr überraschend ist.

«Diese zwei Dinge: erstens, daß es ein geistiges Reich gibt, zweitens, daß der Mensch mit dem innersten Ich seines Wesens mit diesem geistigen Reich zusammenhängt, sind ja die Fundamentalpunkte der ‹Philosophie der Freiheit›. Es mußte eben einmal die Frage entstehen: Kann man dasjenige, was wie eine Art von Botschaft von der geistigen Welt der neueren Menschheit verkündigt werden soll, in dieser Weise verkündigen? Gibt es eine Möglichkeit anzuknüpfen an irgend etwas? . . . Menschen waren da, die damals aus ihrem Streben heraus in die Theosophische Gesellschaft hinein wollten. Das waren schließlich diejenigen, zu denen sich von diesen Dingen reden ließ.»[28]

Zu einem ausschlaggebenden Ereignis für diese Entscheidung sowie für den Beginn seiner anthroposophischen Wirksamkeit wird die Begegnung mit MARIE VON SIVERS (1867–1948)[29], von deren Mitarbeit er seine Zusage abhängen läßt.

«Marie von Sivers war die Persönlichkeit, die durch ihr ganzes Wesen die Möglichkeit brachte, dem, was durch uns entstand, jeden sektiererischen Charakter fernzuhalten und der Sache einen Charakter zu geben, der sie in das allgemeine Geistes- und Bildungsleben hineinstellt.»[30]

Als Kind deutsch-baltischer Eltern 1867 geboren, verbringt Marie von Sivers ihre Kindheit und Jugend in Rußland, von Auslandsreisen unterbrochen, in einer traditionsreichen, kultivierten Familie. Der Versuch in jungen Jahren, mit ihrem Bruder im Volk für das Volk zu wirken, endet ohne Erfolg. Es folgen Studienjahre in Paris, wo sie bei bedeutenden Persönlichkeiten in die Rezitationskunst eingeführt wird; zurückgekehrt nach Petersburg, bereitet sie sich auf die Bühnenlaufbahn vor.

«Der Versuch, mich auf die Bühne zu bringen, scheiterte an folgendem: Es wurde mir angetragen als Debut die ‹Jungfrau von

Orleans› an einem namhaften Theater Berlins. Vorher sollte ich mehreren Journalisten einen Besuch abstatten, wohl um sie für mich einzunehmen, der Kritiken wegen. Diesen Besuch brachte ich nicht zustande. Nachdem Maria Strauch (MARIA VON STRAUCH-SPETTINI, 1847–1904, leitete ihre Schauspielausbildung) mich mehrmals dazu ermuntert hatte, ließ sie traurig davon ab: ‹Du eignest dich doch nicht für das Theater›. Ich atmete befreit auf und konnte die Lähmung von mir streifen. – Das war ein Jahr, bevor ich Rudolf Steiner kennenlernte.»[31]

Verschiedene geistige Strömungen durchforschend, lernt sie durch den französischen Dichter EDOUARD SCHURÉ (1841–1929)[32], dessen ‹Kinder des Lucifer› sie übersetzt, die Theosophische Gesellschaft kennen und trifft im Winter 1900 in Berlin auf Rudolf Steiner.

Im Herbst 1901 stellt sie ihm die Frage: «ob es nicht möglich sein könnte, diese Weisheiten (die orientalischen sind gemeint) auf eine mehr dem europäischen Geistesleben entsprechende Art zu geben und unter Berücksichtigung des Christus-Impulses».

Steiner antwortet: «Damit war mir die Möglichkeit gegeben, dort in dem Sinne zu wirken, der mir vorschwebte. Die Frage war mir gestellt, und ich konnte, nach den geistigen Gesetzen, beginnen, auf eine solche Frage die Antwort zu geben.»[33]

Gemeinsam mit Marie von Sivers beginnt er – ohne seine anderen Verpflichtungen einzuschränken – innerhalb der deutschen Sektion der Theosophischen Gesellschaft, die damals kaum mehr als zweihundert Mitglieder zählte, zu wirken; Marie von Sivers übernimmt u.a. die Organisation seiner umfangreichen Vortragstätigkeit.

In der Theosophischen Gesellschaft, in der – wie gezeigt – im besonderen die Pflege der aus dem Orient überlieferten Weisheit lebte, betont Steiner die Notwendigkeit einer Anknüpfung an die moderne Naturwissenschaft und vertritt eine Betrachtungsweise, die stets auf dem Entwicklungsgedanken fußt, der ganz in der abendländischen Kultur wurzelt. Er stellt zunehmend die zentrale Bedeutung des Christus-Jesus für die Erdenentwicklung dar, dies im scharfen Gegensatz zur orientalen Auffassung, die Christus als einen gleichen unter vielen Gottesboten anschauen lehrt.

1904 erscheint seine ‹Theosophie›[34], die die Grundzüge einer übersinnlichen Menschen- und Welterkenntnis sowie erste Elemente für das Verständnis des Gesetzes von Reinkarnation und Karma gibt. Unmittelbar darauf, 1904/05, folgt eine grundsätzliche Beschreibung des christlich-rosenkreuzerischen Schulungsweges durch die Aufsatzfolge ‹Wie erlangt man Erkenntnisse der höheren Welten› (als Buch 1909)[35] in der von ihm gegründeten theosophischen Zeitschrift ‹Lucifer-Gnosis›.[36] In der 1909 erscheinenden ‹Geheimwissenschaft im Umriß›[37] entwikkelt er neben anders nuancierten Schilderungen des Schulungsweges und des Menschenbildes eine umfassende Darstellung der Welt- und Menschheitsevolution und der Wirksamkeit der hierarchischen Wesenheiten aus geisteswissenschaftlicher Sicht.

Damit liegen drei anthroposophische Grundschriften vor, deren Charakteristikum die strenge, sich in exakten, aber nicht determinierten Begriffen auslebende Gedankenführung ist. Sie richten sich ganz an die allgemeine Öffentlichkeit und rechnen mit dem naturwissenschaftlich gebildeten Bewußtsein. Darüber hinaus werden diese Darstellungen durch Steiners Vorträge vor einer ständig wachsenden Zahl von Gesellschaftsmitgliedern vertieft und ergänzt.

Marie von Sivers gründet 1908 den Philosophisch-Theosophischen, später Philosophisch-Anthroposophischen Verlag, um die Schriften und beginnenden Vortragsnachschriften zu verlegen.

In dieser ersten Phase von 1902–1909 gilt Steiners Sorge insbesondere der Ausgestaltung und Entwicklung der abendländischen Esoterik. In einem Brief an das in der deutschen Sektion führende Mitglied, W. Hübbe-Schleiden, umreißt er 1902 seine Aufgabe wie folgt: «Ich will auf die Kraft bauen, die es mir ermöglicht, Geistesschüler auf die Bahn der Entwicklung zu bringen. Das wird meine Inaugurationstat allein bedeuten müssen.»[38]

Zunächst treten Persönlichkeiten, denen eine praktische geistige Schulung angelegen ist, an ihn heran und werden seine persönlichen Schüler. Ab 1905, anknüpfend an die bestehende Einrichtung in der Theosophischen Gesellschaft, unterrichtet Steiner engere Kreise der Mitgliedschaft in der Esoterischen Schule (‹E.S.›), in der die Teilnehmer Übungen und Anleitungen zur Geistes-Schulung erhalten.[39] Der wesentliche Unterschied der hier von Steiner intendierten Methode zu östlichen Erkenntniswegen sowie zu jeder von westlichen Logen praktizierten Schulung besteht in der unangetasteten Selbständigkeit des Schülers, der sich allein der Wahrheitssuche niemals aber dem geistigen Lehrer unterzuordnen hat. Dadurch lernt er, jeden Schritt seines meditativen Weges bewußt selbst zu führen. Für jeden, der als Geistes-Schüler übend einen Erkenntnisweg beschreiten will, macht Steiner auf die unabdingbare Voraussetzung einer sorgfältigen Denk-Schulung, der Ausbildung der klaren Vernunft aufmerksam, um in der Folge ein «vollbewußtes Drinnenstehen in der geistigen Welt»[40] zu ermöglichen. Das Denken, belebt und vertieft durch die Übungen und Meditationsinhalte, bildet sich zum Organ für ein differenziertes Erleben der übersinnlichen Welten. Dieses Denken ist das charakteristische und den Schüler leitende Element der christlich-rosenkreuzerischen Schulung, in welcher der Geisteslehrer allein Ratgeber und Helfer ist.

Rudolf Steiner befindet sich damit im Gegensatz zu Annie Besant, der eigentlichen Leiterin dieser Abteilung der Theosophischen Gesellschaft; sein Zusammenhang mit der ‹E.S.› besteht folglich nicht inhaltlich, sondern rein formell bis 1907. Dann trennen sich die Wege auf diesem Gebiet bereits gänzlich. 1907 schreibt A. Besant: «Dr. Steiners okkulte Schulung ist von der unsrigen sehr verschieden. Er kennt den östlichen Weg nicht, daher kann er ihn auch nicht lehren. Er lehrt den christlich-rosenkreuzerischen Weg, der für manche Menschen eine Hilfe, aber von unserem verschieden ist. Er hat seine eigene Schule und trägt auch selbst die Verantwortung dafür. Ich halte ihn für einen sehr guten Lehrer in seiner eigenen Richtung und für einen Mann mit wirklichen Erkenntnissen. Er und ich arbeiten in vollkommener Freundschaft und Harmonie, aber in verschiedenen Richtungen.»[41]

Steiner bemerkt rückblickend: «Weil auch innerhalb der anderen Führerschaft (neben A. Besant) der Theosophischen Gesellschaft diese Abneigung gegen vollbewußte Geisterkenntnis vorhanden war, konnte ich mich in Bezug auf das Geistige in der Gesellschaft nie mit der Seele heimisch fühlen.»[42]

Ebenfalls an historisch Vorhandenes (an den ‹Ordo Templi Orientis›) anknüpfend, richtet Steiner 1906 einen weiteren esoterischen Kreis ein. «Man strebte neben der Verarbeitung der Ideen, in die gehüllt die Geist-Erkenntnis gegeben wurde, etwas an, das unmittelbar zur Anschauung zum Gemüt spricht.»[43]

Es entsteht die als ‹Mystica Aeterna› oder ‹F.M.› (Frei-Maurer) bezeichnete Einrichtung, in der die aus der Geisterkenntnis gewonnenen Inhalte in kultisch-symbolischen Handlungen vor die Teilnehmer hingestellt werden, so das esoterische Streben vertiefend.

Stellt sich Steiner auch hinein in den Rahmen der Theosophischen Gesellschaft, so ist doch offensichtlich vom ersten Schritt an seine Arbeitsweise den theosophischen Gepflogenheiten fremd. Es bilden sich – zunächst in Berlin, München, Stuttgart und Köln – Menschenkreise, die den theosophischen Gewohnheiten entwachsen und die sich der durch Steiner ausgebildeten, dem unbefangenen Denken zugänglichen Geist-Erkenntnis verbinden.

Jeweils bedingt durch die verschiedenartige Zusammensetzung dieser Gruppierungen, ergeben sich an den einzelnen Orten anders nuancierte Schwerpunkte der Arbeit. Die in den Seelen der Einzelnen lebenden Fragen und Bedürfnisse geben den Darstellungen Rudolf Steiners jeweils eine spezifische Richtung, so daß nicht von einem programmatischen Enthüllen einer neuen Lehre, sondern von einem organischen Wachsen gesprochen werden kann.

Jene Menschen, die sich in Berlin Rudolf Steiner zuwenden, sind zum großen Teil enttäuscht oder unbefriedigt von den ihnen bekannten Kulturströmungen; ein umfassendes Verständnis der Welt und des Menschen ist ihnen dringendes Bedürfnis. Es entwickelt sich eine systematische Arbeit in schlichter Atmosphäre. Abkapselung und Weltverneinung werden durch Steiners Stil und Anliegen von vornherein ausgeschlossen. Grundbegriffe der Geisteswissenschaft und Esoterik, Fragen des Seelenlebens, die Auseinandersetzung mit anderen Geistesströmungen sowie die wissenschaftliche Fundierung der Anthroposophie sind die Hauptthemen der öffentlichen Vorträge (den sogenannten Architektenhausvorträgen) wie auch in der Arbeit mit den Mitgliedern der Theosophischen Gesellschaft. Im Vordergrund steht eine gedanklich-begriffliche Darstellungsweise.

Bei den zunächst zahlenmäßig sehr kleinen, dann sich rasch vergrößernden und keineswegs homogenen Menschenkreisen, die sich in München um die Künstlerinnen PAULINE GRÄFIN VON KALCKREUTH (1856–1929) und SOPHIE STINDE (1853–1915), gruppieren, scheint eine ganz andere Seelenartung vorzuliegen. Hier herrscht eine bewegliche, bildhaft-künstlerische Auffassungsgabe, eine eher der Empfindung als dem Denken hingegebene Aufgeschlossenheit vor.[44] Das besonders Marie von Sivers am Herzen liegende künstlerische Element, das in den theosophischen Kreisen wenig geschätzt und gepflegt wurde, kann sich hier entfalten. Es ist zuerst das Rezitatorische und Dramatische, von Rudolf Steiner und ihr gemeinsam gepflegt und ausgebildet, welches in München in Erscheinung treten kann.[45] In einem Brief Steiners an Marie von Sivers aus dem Jahre 1905 heißt es: «Dies sollte unser Ideal sein: Formen zu schaffen als Ausdruck des inneren Lebens. Denn in einer Zeit, die keine Formen schauen und schauend schaffen kann, muß notwendigerweise der Geist zum wesenlosen Abstraktum sich verflüchtigen und die Wirklichkeit muß sich diesem bloß abstrakten Geist als geistlose Stoffaggregation gegenüberstellen. – Sind die Menschen imstande, wirklich Formen zu verstehen, z. B. die Geburt des Seelischen aus dem Wolkenäther der Sixtinischen Madonna: dann gibt es bald für sie keine geistlose Materie mehr.»[46]

Das Künstlerische in seiner erzieherischen Qualität für eine Entwicklung des Zivilisationslebens zur Spiritualität anzuerkennen und aufzugreifen, ist von Anbeginn ein zentrales Anliegen Steiners.

Alljährlich bzw. im Abstand von zwei Jahren finden seit 1903 Kongresse der ‹Föderation der Europäischen Sektionen der Theosophischen Gesellschaft› statt; neben den Vorträgen zu theosophischen Fragen wird dabei vor allem Gelegenheit zu Begegnung und Austausch gegeben.

1907 wird dieser Kongreß in München von der deutschen Sektion veranstaltet.[47] Der Kongreßsaal erhält zum ersten Mal eine künstlerische Gestaltung, die in Farbe und Form mit dem Gesprochenen harmonieren soll. Ferner tritt mit der Aufführung des ‹Heiligen Dramas von Eleusis› von Edouard Schuré das dramatische Element hinzu. Beides sind für die älteren Theosophen ungewohnte oder sogar befremdliche Elemente.

Hinzu kommt der Eröffnungsvortrag Steiners mit dem Thema «Die Einweihung des Rosenkreuzers» und der unmittelbar an den Kongreß anschließende Vortragszyklus über «Die Theosophie des Rosenkreuzers»[48], durch den die Impulsrichtung der deutschen Sektion innerhalb der Theosophischen Gesellschaft unübersehbar wird. 1907 kommt die in der esoterischen Arbeit schon deutlich gewordene Verschiedenartigkeit der Bestrebungen Rudolf Steiners und der führenden theosophischen Kreise klar zum Ausdruck. Nicht wenige der sechs- bis siebenhundert Teilnehmer mögen sich nach diesem Münchner Kongreß zu einer inneren Entscheidung aufgerufen gefühlt haben.

Auf dem darauf folgenden Kongreß 1909 in Budapest lautet Steiners Thema bezeichnenderweise «Von Buddha zu Christus»[49], und in einer Unterredung zwischen Rudolf Steiner und Annie Besant werden die Unterschiedlichkeit und die sich steigernde Unvereinbarkeit beider Richtungen ins Bewußtsein gehoben. Hier vollzieht sich die eigentliche Trennung, wenn auch die offizielle, organisatorische Verbindung bestehen bleibt.

Verständlich wird das auf folgendem Hintergrund: Die Hauptströmung in der Theosophischen Gesellschaft strebt, besonders entschieden seit der Präsidentschaftsübernahme durch Annie Besant 1907, nahezu ausschließlich das östliche, überlieferte Weisheitsgut und die diesem entsprechenden inneren Seelen-Schulungs-Wege an. Dem Buddhismus (Blavatsky) oder Hinduismus (Besant) wird die vorherrschende Rolle im Zivilisationsgang der gegenwärtigen Menschheit zugemessen und dem Christentum wenn nicht Abneigung so doch tolerantes Desinteresse entgegengebracht. Dagegen rückt die Darstellung und die Erkenntnis des Christentums in Steiners Arbeit in den Vordergrund.

Ende 1907 findet in Basel der erste zusammenhängende Vortragszyklus über die Evangelien statt, zunächst über das Johannes-Evangelium.[50] Die weiteren Zyklen über die Evangelien, die Apokalypse und die Paulus-Zusammenhänge bilden einen wesentlichen Inhalt der von Steiner entfalteten Christologie.[51] Neben der im Hintergrund bleibenden Schilderung kirchen- und dogmengeschichtlicher Probleme liegt das Hauptgewicht dieser Vorträge in der Zusammenschau der unabhängig von Dokumenten gewonnenen übersinnlichen Forschungsergebnisse mit den Aufzeichnungen der christlichen Urkunden.

Darüber hinaus stellt er, 1910 beginnend, Ergebnisse seiner Forschung dar, die das christliche Mysterium betreffen, in den Urkunden aber nicht verzeichnet sind.[52] Hinzu kommen die Vorträge und Zyklen über die geistig-hierarchischen Wesenheiten, die um die Darstellungen in der ‹Geheimwissenschaft im Umriß› als Zentrum gruppiert, eine Unterlage bilden, das Christus-Geschehen in seiner kosmischen Dimension zu ahnen, zu begreifen.[53]

Durchsichtig werden die welt- und menschheitsgeschichtlichen Zusammenhänge, innerhalb derer die Einmaligkeit der Geschehnisse um den Christus Jesus verstehbar wird. Es erhellen sich die Bedeutung und Aufgabe der unterschiedlichen geistigen und religiösen Strömungen im Entwicklungsgang der Menschheit; das Christentum, welches zunächst als Religion auftrat, wird erkannt als realer, in der Welt und der ganzen Menschheit entscheidend wirkender geistiger Impuls.

In derselben Zeit, von 1909 an, bilden sich in Adyar Kreise, die sich Anfang 1911 zum ‹Order of the Star in the East› formieren. Seine Aufgabe ist es, die Wiedergeburt des Maitreya – einer geistigen Individualität, die von den Theosophen und manchen östlichen Geistesrichtungen mit dem Christus gleichgesetzt wird – in einem jungen Inder zu verkünden und zur Wirksamkeit zu bringen. Wenn auch die Mitgliedschaft im ‹Orden des Sterns im Osten› nicht gebunden ist an jene in der Theosophischen Gesellschaft, so hat die ganze Bewegung ihren Ursprung in der Erklärung C. W. Leadbeaters, der eng mit Annie Besant zusammenarbeitet und zu den prominenten Theosophen zählt, er habe an der Aura des Knaben Juddu Nariahna (Pseudonym: Krishnamurti) wahrgenommen, daß in ihm der Weltenlehrer wiedergekommen sei. Besonders von A. Besant und nahezu allen führenden Theosophen mit Ausnahme des englischen Generalsekretärs

G. R. S. MEAD (1863–1933) wird diese Behauptung gestützt und proklamiert.[54]

Aus dem Verlauf dieser bereits auf dem Budapester Kongreß absehbaren Entwicklung ergibt sich der Anlaß, die von Steiner geleitete deutsche Sektion der Theosophischen Gesellschaft, deren Mitgliederzahl 1909 auf fünfzehnhundert angestiegen war, organisatorisch zu verselbständigen. Daß diese Trennung nicht früher vollzogen wurde, mag einen Grund darin haben, daß Steiner die Hoffnung auf eine Richtungs-Wandlung innerhalb der gesamten Theosophischen Gesellschaft nicht aufgeben wollte.

«Durch die erste Phase hindurch war also gewissermaßen die Anthroposophische Gesellschaft in einer Art embryonalen Lebens innerhalb der Theosophischen Gesellschaft. . . . Sie hatte innerhalb dieser ersten Phase ihre ganz besondere Aufgabe: . . . demjenigen, was in der Theosophischen Gesellschaft vorlag – und das war die traditionelle Aufnahme uralter orientalischer Weistümer – entgegenzusetzen die Spiritualität der abendländischen Zivilisation mit dem Mittelpunkt des Mysteriums von Golgatha.»[55]

Ist das verschiedenartige Verständnis, der unterschiedliche Erkenntnis-Horizont bezüglich der Christus-Frage auch der Anlaß zur Lösung aus der Theosophischen Gesellschaft, so betont Steiner, auf den Münchner Kongreß zurückblickend, «daß mit der anthroposophischen Strömung etwas von einer ganz anderen inneren Haltung gegeben war, als sie die bisherige Theosophische Gesellschaft hatte. In dieser inneren Haltung lag der wahre Grund, warum die Anthroposophische Gesellschaft nicht als ein Teil der theosophischen weiterbestehen konnte.»[56]

Seit 1907/09 entwickelt sich das künstlerische Element zu einem bedeutenden Ausdruck der anthroposophischen Bewegung.

Auf Initiative von Gräfin Kalckreuth und Sophie Stinde werden in München und Berlin sogenannte Kunstzimmer eingerichtet. In ansprechend gestalteten Räumen werden wechselnde Ausstellungen zeitgenössischer Künstler, musikalische und rezitatorische Darbietungen sowie Einführungskurse in verschiedene Wissensgebiete gegeben, die allen Bevölkerungskreisen zugänglich sind.

Ab 1909 finden in München sommerliche Festspiele statt. 1909 werden Dramen von Edouard Schuré[57] aufgeführt, und 1910 beginnt die Inszenierung der Mysteriendramen Rudolf Steiners.[58] Die vorher für die meisten Mitglieder nur in Wort und Schrift zugänglichen Ergebnisse der geistigen Forschung und die Wege zu ihrer Erlangung treten als individuell-sozial gelebte Anthroposophie in künstlerischer Form vor die Zuschauer. Diesen Aufführungen folgt jeweils ein Vortragszyklus Steiners, der die Inhalte der Mysteriendramen ergänzt und vertieft.[59]

Im Zusammenhang mit den Mysterienspielen und der Erneuerung der Esoterik steht die 1911 gestiftete, dann aber nicht weitergeführte ‹Gesellschaft für theosophische Art und Kunst›, der die Fortführung und Vertretung des abendländischen Okkultismus und einer aus ihm erwachsenden Kunst obliegen sollte.[60]

Die stets unbefriedigende Umgebung der Münchner Theater führt zu dem Vorhaben, einen eigenen Theaterbau zu errichten. Dieser Plan geht zurück auf die Initiative von Gräfin Kalckreuth, Sophie Stinde, Graf OTTO VON LERCHENFELD (1868–1938) und dem Münchner Arzt FELIX PEIPERS (1873–1944). 1911 wird ein Bauverein gegründet, und nachdem sich die Pläne wegen kirchlicher und baubehördlicher Interventionen in München nicht verwirklichen lassen, wird das zunächst ‹Johannesbau› genannte Gebäude in den Jahren 1913 bis 1920 in Dornach bei Basel errichtet. Der in und durch die anthroposophische Bewegung lebende Kunstimpuls erreicht in dem nun ‹Goetheanum› genannten Bau in Architektur, Plastik und Malerei einen Höhepunkt.[61]

Wie in der Mysteriendramatik lassen sich auch in der 1912 inaugurierten Eurythmie Elemente der antiken Mysterienkunst wiederfinden, wenn auch allein das durch die moderne Geistesschulung erweiterte Bewußtsein die Grundimpulse dieser Kunst gibt. Diese neue Bewegungskunst, die Ton und Laut, Gesang, Musik und Sprache zur Sichtbarkeit bringt, entsteht aus Hinweisen, die Steiner einem jungen Mädchen, das nach Ausbildung sucht, gibt. Marie von Sivers widmet sich mit großer Intensität der Pflege dieser neuen Kunst und der Arbeit mit den ersten Eurythmistinnen.[62]

Der 1911 in Genua vorgesehene Kongreß der ‹Föderation der Europäischen Sektionen der Theosophischen Gesellschaft›, dessen Themenstellung eine energische Auseinandersetzung zwischen der orientalisierenden und der durch Steiner repräsentierten Strömung ahnen ließ, kommt durch Absage A. Besants nicht zustande. Anschließend an die Generalversammlung der deutschen Sektion, auf dem die Fragen um den ‹Orden vom Stern im Osten› im Vordergrund stehen, konstituiert sich ein ‹Bund für anthroposophische Arbeit› (16. 12. 1911). Dieser besonders von CARL UNGER(1878–1929) und ADOLF ARENSON (1855–1936), die seit 1905 die Arbeit in Stuttgart aufbauen und leiten, angeregte Zusammenschluß soll – zunächst provisorisch – diejenigen sammeln, die der anthroposophischen Arbeit verbunden sind.[63] Zu dieser Zeit zählt die deutsche Sektion ca. 2500 Mitglieder.

Ein Jahr später, am 28. 12. 1912, geht aus diesem Bund in Köln, wo die Mathematikerin MATHILDE SCHOLL (1868–1941) den Mittelpunkt der anthroposophischen Arbeit bildet, die Gründung der Anthroposophischen Gesellschaft hervor.

In Adyar beschließt am 2. 3. 1913 der General Council der Theosophischen Gesellschaft den Ausschluß der deutschen Sektion und beauftragt W. Hübbe-Schleiden mit deren Neubildung.[64]

IV
Die Anthroposophische Gesellschaft
1913 – 1922

«In jenes Geistes Namen, der den Seelen
In unsrem Strebensorte sich verkündet,
Erscheine ich in diesem Augenblicke
Vor Menschen, die von jetzt an hören wollen
Das Wort, das hier den Seelen ernst erklingt.
Nicht früheren Zeiten konnten jene Mächte,
Die unsres Erdenwerdens Ziele lenken,
In vollbewußter Art sich offenbaren,
Denn wie im Kinderleibe erst allmählich
Die Kräfte reifen müssen und erstarken,
Die zu des Wissens Trägern sind bestimmt,
So mußte sich als Ganzes auch entfalten
Das Menschentum in seinem Erdenlauf.
In Dumpfheit lebten erst die Seelentriebe,
Die später würdig sich erweisen sollten,
Aus hohen Welten Geisteslicht zu schauen.
Doch wurden als der Menschen weise Führer
Im Erdbeginn dem Geist ergebne Seelen
Von höhern Daseinsmächten auserwählt,
Sie pflegten in des Wissens Strebeorten
Die Geisteskräfte, die Erkenntnisstrahlen
In Seelen sandten, die nur dumpf bewußt
Von ihrem Schauen sich durchdringen konnten.
Erst später konnten aus der Menschen Reihen
Die Geistesforscher sich die Schüler holen,
Die durch das willensstarke Prüfungsleben
Sich reif erwiesen, in Bewußtheits Helle
Zum Geisteswissen zielvoll hinzustreben.
Und als der ersten Führer Schüler später
Das edle Gut in Würde pflegen konnten,
Verschwand die unbewußte Führerschaft,

Daß freie Seelen wissend streben durften.
Und freie Seelen wählten sich dann Menschen,
Die ihnen folgen durften in der Pflege
Des Geistesschatzes; und so ging es weiter
Von einem Menschenalter hin zum andern.
Es sind bis jetzt ja alle Wissensstätten,
Die dies in Wahrheit sind, gerecht entsprungen
Der höchsten, die in Geistessphären steht.
In ernstem Suchen streben wir allhier
Nach wahrem Geistes-Menschenerbe hin.
Wir werden niemals von Erkenntnis sprechen,
Die nicht des Geistes eignes Siegel trägt;
Allein vom Lichte aus den Geisteswelten,
Das schauend Menschen sich erschließen kann,
Die sich ihm strebend anvertrauen wollen,
Um ihrer Seele Tiefen zu ergründen.
Zu diesem Lichte würdig hinzustreben,
Das weiset uns der Zeitenwende Ernst
Und ihre Not; die Zeichen sind fürwahr
Bedeutungsschwer, die sich im Weltenplane
Jetzt Geistesaugen deutlich offenbaren.»

Gesprochen zur Eröffnungsfeier des ersten Goetheanums 1920.
Umgearbeitete Rede des Hilarius im 1. Bild
des dritten Mysteriendramas ‹Der Hüter der Schwelle›.[65, 66]

Seit dem Jahr 1913 trägt die Anthroposophische Gesellschaft jenen Namen, den Rudolf Steiner schon verwendete, als er im Winter 1902/03 vor einem aus Künstlern, Wissenschaftlern und Schriftstellern bestehenden Kreis in Berlin einen Vortragszyklus hielt mit dem Thema: ‹Von Zarathustra bis Nietzsche. Entwicklungsgeschichte der Menschheit an Hand der Weltanschauungen von den ältesten orientalischen Zeiten bis zur Gegenwart – oder Anthroposophie›.[67]

Die folgenden zehn Jahre, vor allem die Zeit ab 1917, markieren eine Epoche in der Entwicklung der Anthroposophie, in der sie sichtbar, hörbar und wirksam in die Weltöffentlichkeit hinaustritt: der bis 1922 sich vollendende Goetheanum-Bau in Dornach zieht viel Aufmerksamkeit auf sich; die Vortragstätigkeit Rudolf Steiners in der Öffentlichkeit nimmt bis 1922 sich steigernd ungeahnte Ausmaße an, gemessen an dem Interesse und der Anzahl der Zuhörerschaft. Am bedeutendsten aber erscheinen die sozialgestalterischen Aktivitäten, die aus der anthroposophischen Bewegung heraus wirksam werden: die Bewegung für Dreigliederung des sozialen Organismus (1918/19), die pädagogische Arbeit mit Beginn der ersten Schule in Stuttgart (1919), Gründung wirtschaftlicher Unternehmungen, klinisch-therapeutischer Institute in der Schweiz und Deutschland (1920/21), die Bewegung für religiöse Erneuerung (1922), um die hervorragendsten Bemühungen zu nennen.

Bedeuten diese Jahre eine kräftige Entfaltung der anthroposophischen Wirksamkeit – trotz des ersten Weltkrieges und seiner Folgen –, so ist es zugleich jene Periode, während der die Anthroposophische Gesellschaft sich formiert (1913), ihre ersten Konflikte durchlebt und schließlich im Jahre 1923 eine grundlegende Neukonstituierung nötig wird.

Die erste Generalversammlung der Anthroposophischen Gesellschaft findet am 3. 2. 1913 in Berlin statt.

«Von da an beginnt die Geschichte der eigentlichen Anthroposophischen Gesellschaft. Sie war nicht nur ausgesetzt der Bekämpfung der von Adyar ausgehenden orientalisierenden Richtung, sondern wurde in Deutschland aufs schärfste verfolgt und angegriffen von den Vertretern der materialistischen Wissenschaft und den Bekenntniskirchen. Innerhalb der Anthroposophischen Gesellschaft führte Rudolf Steiner die ihm schon lange am Herzen liegende Absicht aus, nur als Lehrer und geistiger Leiter tätig zu sein und kein Amt darin zu übernehmen. Er wurde nicht einmal Mitglied dieser Gesellschaft, sondern stellte sich die Aufgabe, sie allmählich zur Selbständigkeit zu erziehen. Ein Vorstand, bestehend aus drei in der Arbeit erfahrenen Mitgliedern, sollte die Verwaltung und Geschäftsführung übernehmen: es waren dies Carl Unger, Michael Bauer und Marie von Sivers.» [68]

MICHAEL BAUER (1871–1929), Lehrer in Nürnberg, mag der Nachwelt als ein Mensch erscheinen, dessen Herz tief der Suche nach disziplinierter Spiritualität hingegeben ist, die ihn zu Beginn des Jahrhunderts zur Begegnung mit der Theosophischen Gesellschaft führt und ihn zu einem ernsten, selbständigen Geistesschüler Rudolf Steiners macht. Schon früh durch ein Lungenleiden gezwungen, sich von der öffentlichen Wirksamkeit für Anthroposophie zurückzuziehen, wird er zu einem Mittelpunkt für die Menschen, die ein inneres geistiges Leben, Selbsterziehung und esoterische Schulung suchen. Tiefe Freundschaft verbindet ihn mit FRIEDRICH RITTELMEYER (1872–1938) und CHRISTIAN MORGENSTERN (1871–1914), dessen Frau MARGARETHA (1878–1968) ihm 1919 ein Haus als Wirkensstätte am Ammersee schafft und ihn dort bis zu seinem Tode pflegt. [69]

Das selbständige innere Ringen um Anthroposophie zeichnet ihn ebenso aus wie Carl Unger, dessen Fähigkeiten vorzüglich im erkenntnistheoretisch-philosophischen Bereich liegen. Er wirkt als Industrieller in verantwortungsvoller Stellung in Stuttgart, unterstützt energisch den Goetheanumbau und die folgenden sozialen Aktivitäten. Einem bedingungslosen Eintreten für die denkerische Erarbeitung der Grundlagen der Anthroposophie und deren Vertretung vor der Öffentlichkeit ist sein Leben gewidmet. Vor einem Vortrag über Anthroposophie und Dreigliederung wird er im Januar 1929 in Nürnberg von einem Geisteskranken erschossen. [70]

Ebenfalls zum Vorstand gehört Marie von Sivers, die im Dezember 1914 Rudolf Steiners Ehefrau wird und, wie beschrieben, am Anfang der Bewegung stand.

Aufgabe der Gesellschaft sollte es sein, die Organisation von anthroposophischen Veranstaltungen zu übernehmen und einen menschlichen Zusammenhang zu bilden, in und durch den Steiner als Geistesforscher seine Wirksamkeit entfalten konnte.[71]

Überblickt man vom geographischen Gesichtspunkt aus die Entwicklung der Gesellschaft in diesem Zeitraum, so erscheint Berlin gleichsam als Wiege, Dornach als der Ort, an dem die dichtesten Konzentrationen und reifsten künstlerischen Früchte entstehen und Stuttgart als Sprungbrett in die Welt der modernen sozialen und wirtschaftlichen Probleme, wo die Gesellschaft einen kühl-bürokratischen Charakter annimmt und nach neuen Formen suchen muß.

Die Arbeit in Berlin bildete schon in der theosophischen Zeit den Kern-Ort der Aktivitäten; München als zweites Zentrum ermöglichte die künstlerische Entfaltung und sollte der Ort werden, an dem mit dem geplanten Theaterbau sich der geographische Mittelpunkt der Bewegung ansiedeln wollte, was, wie schon erwähnt, an administrativen Hindernissen und kirchlichen Interventionen scheiterte. Im Mai 1913 fällt die Entscheidung, den Bau in Dornach nahe Basel auf schweizerischem Boden zu errichten. Am 20. September 1913 wird der Grundstein, in Anwesenheit nur weniger Mitglieder, von Rudolf Steiner gelegt.[72] Diese Handlung, die vorzüglich den geistigen Mächten zugewandt ist, markiert einen wesentlichen Schritt im Entwicklungsgang der anthroposophischen Bewegung.

Im Frühjahr 1914 siedelt er selbst nach Dornach über, um die Arbeiten unmittelbar leiten zu können. Viele Menschen, vor allem aus Kreisen der jüngeren internationalen Mitgliedschaft der Gesellschaft, kommen nach Dornach, um am Bau zu wirken.

Es entsteht um das Goetheanum eine kleine Gesellschaft innerhalb der Gesellschaft, die durch ihr Engagement für ‹das

Haus der Sprache› und die Künste, durch die ständige, allein durch Vortragsreisen unterbrochene Nähe zu Rudolf Steiner und bald auch durch den sie umgebenden Krieg ein dichtes Gemeinschaftsgebilde formt. Als Erzieher dieser Menschengruppe wirkt die künstlerische Arbeit am Bau und an den für nahezu jedes Wochenende inszenierten Theaterstücken sowie das gemeinsame Ziel, ein Haus zu errichten für Kunst und Wissenschaft, die, aus neuer Impulsierung verbunden, der Welt zum Fortgang dienen wollen.

Das beeindruckende Bild, daß hier, vom Weltkrieg umtobt, Menschen aus siebzehn verschiedenen Nationen friedlich für ein gemeinsames Anliegen schöpferisch ringen, muß sich erweitern zu einem solchen, welches gezeichnet ist von tiefen einzelmenschlichen Tragödien, Gipfeln und Abgründen, Siegen und Niederlagen auf innerseelischem Felde, um vollständig jene Realität wiederzugeben, die charakteristisch für jedes anthroposophische Versuchen ist.

Und nach sieben Jahren steht der Doppelkuppelbau da: «Es entstand ein Werk unsagbarer Schönheit, erschütternd durch die Weckekraft, die seinen Formen, deren Umbildung in organischer Entwicklungsfolge, die dem gegenseitigen Verhältnis der Richtungen, Hebungen, Senkungen und ihren Proportionen entsprang. Zahl, Maß und Gewicht siegten in ihrem schwingenden, hebenden, richtenden Dreiklang. Der Bau stand da als Mensch, der Mensch als Bau. Das Werden der Welten, das Werden und Wirken des Menschen, die Taten der Götter waren in ihn hineingeschrieben, waren offenbart in den Farbenflutungen der Kuppel, in dem organischen Wachstum der Säulen- und Architrav-Motive, in den Fensterlichtgebilden. Skulptur und Malerei gingen über sich hinaus, überwanden die Linie und gingen in die Bewegung über. Die Farbe schuf von innen heraus die Gestaltung, aus ihrer eigenen schöpferischen Beseeltheit. In der neu aufblühenden Kunst, der Eurythmie, waren Ton und Sprache

Bewegung geworden und in die Sichtbarkeit getreten durch das Instrument des menschlichen Körpers. Die also sichtbar gewordenen schöpferischen Kräfte der Sprache wirkten wiederum belebend zurück auf die anderen Künste, entzündeten geistiges Schaffens-Feuer. Der ihm innewohnende innere Ton konnte den lufterzeugten Ton ergreifen, ihn durchgeistigen und in höhere Sphären heben. Das Haus der Sprache hatte Rudolf Steiner seinen Bau genannt. Alle Künste hatten dort eine Heimstätte gefunden und Wissenschaft und Mysterienweisheit. Die Synthese von Kunst, Wissenschaft und Religion war wieder vollzogen.» [73]

Mit einem anthroposohischen Hochschulkurs (vom 26. September bis 16. Oktober 1920) wird das Goetheanum als freie Hochschule für Geisteswissenschaft eröffnet.[74]

Um 1917, dem entscheidenden Jahr des ersten Weltkrieges (März: Revolution in Rußland, April: amerikanische Kriegserklärung an Deutschland), verlagert sich das Gewicht der anthroposophischen Aktivitäten zunehmend nach Stuttgart. Die Bemühungen um die Gestaltung einer geistgemäßen Sozial-Struktur innerhalb des zusammenbrechenden öffentlichen Lebens finden ihren Ausdruck in der Idee des dreigegliederten sozialen Organismus. Sie versucht, jenes ungesund verwobene Geflecht von geistig-kulturellem, rechtlich-politischem und wirtschaftlichem Leben zu entwirren. Eine der Grundlagen dieser Idee ist in dem ebenfalls 1917 erschienenen Werk Steiners ‹Von Seelenrätseln› enthalten[75], in dem die Dreigliederung des Menschen in Sinnes-Nerven-System (Denken), rhythmisches Zirkulationssystem (Fühlen) und Gliedmaßen-Stoffwechsel-System (Wollen) systematisch entwickelt wird.[76]

Kontakte zu führenden Persönlichkeiten und Regierungskreisen in Deutschland und Österreich führen aber zu keinen den Dimensionen des Angestrebten angemessenen Ergebnissen. Hier wird das erste weitreichende und folgenschwere Ungenügen der Anthroposophischen Gesellschaft spürbar, die kraftvoller Träger dieser Impulse hätte sein können. Zu wenig begriffen ihre Mitglieder, selbst die Leitenden, das Gewollte, welches Steiner den Zeichen und Bedingungen der Zeit entsprechend anzuregen suchte.[77]

Um dieses Ungenügen zu beheben, bildet sich in Stuttgart, getragen von EMIL MOLT (1876–1936), Leiter der Zigarettenfabrik Waldorf-Astoria, dem Kaufmann HANS KÜHN (1889–1977) und dem Juristen ROMAN BOOS (1889–1952), ein Arbeitsausschuß für Dreigliederung, der die diesbezüglichen Steinerschen Vorhaben unterstützen will. Nachdem die Versuche einer Realisierung durch führende Kreise des öffentlichen Lebens unfruchtbar bleiben, wendet Steiner sich direkt mit einem Aufruf ‹an das deutsche Volk und die Kulturwelt›, der von namhaften Personen des kulturellen Lebens unterzeichnet wurde.[78] Auch diese Initiative, sowie Buchveröffentlichungen (Die Kernpunkte der sozialen Frage), die die Dreigliederungs-Idee vertreten, Vorträge und Anregungen zur Bildung eines Kulturrates (der sich für ein freies Geistesleben einsetzen soll) bleiben relativ unwirksam. Trägheit und Unverständnis der kultivierten Öffentlichkeit und auch eines großen Teils der Anthroposophenschaft verhindern ein Eingehen auf nicht sofort griffige, tiefer lotende Vorschläge. Obschon sich im April 1919 – jetzt nicht allein von Mitgliedern der Anthroposophischen Gesellschaft getragen – ein ‹Bund für Dreigliederung des sozialen Organismus› bildet, richtet sich Steiners Tätigkeit zunehmend auf volkspädagogische und pädagogische Probleme.

Durch die Initiative Emil Molts entsteht eine erste aus anthroposophischer Menschenerkenntnis arbeitende Schule, die Anfang September 1919 mit ca. zweihundertfünfzig Schülern, deren Eltern überwiegend Arbeiter der Waldorf-Astoria-Fabrik sind, ihre Arbeit beginnt. Die Lehrerschaft, von Steiner berufen und in intensiven Kursen vorbereitet, setzt sich aus im Geistesleben tätigen, meist jungen Anthroposophen zusammen. Diese

Schule geht gleichsam als erstes umfänglich wirksames Ergebnis aus der Fülle gesamt-sozialer Zielsetzungen, die zunächst keinen rechten Fortgang finden können, hervor.[79]

Wenig später, Anfang 1920, wird von Dreigliederungs-Engagierten (Leinhas, Molt, Kühn, Unger u.a.) ‹Der Kommende Tag, Aktiengesellschaft zur Förderung wirtschaftlicher und geistiger Werte› gegründet, um im Kleinen praktisch zu versuchen, was im gesamtgesellschaftlichen Umfang keine Resonanz fand. Zur finanziell-wirtschaftlichen Grundlage schließen sich landwirtschaftliche und industrielle Betriebe assoziativ zusammen – der erste Akt dieser ursprünglich als Bank geplanten Initiative. Es wird darauf ein Verlag (Druckerei) gegründet, wenig später ein biologisches Forschungslabor sowie eine Fabrik zur Entwicklung und Herstellung neuer Heilmittel (aus der sich später die Weleda AG entwickelt), die nach geisteswissenschaftlichen Anregungen arbeiten. 1921 kommt ein klinisch-therapeutisches Institut - eine Klinik, in der die den Künsten innewohnenden heilenden und harmonisierenden Kräfte als Therapie eingesetzt werden - hinzu; die wirtschaftliche Trägerschaft der Waldorf-Schule wird geplant. Bereits vor Beginn dieser Unternehmung weist Steiner, der auf Anfrage den Vorsitz im Aufsichtsrat übernimmt, darauf hin, daß kaum genügend kompetente Persönlichkeiten vorhanden seien, um ein so komplexes Vorhaben wirtschaftlich-geistiger Art aus anthroposophischen Impulsen heraus zu realisieren. Dieses sowie das Desinteresse und die Ablehnung des ‹Kommenden Tages› in weiten Kreisen der Geschäftswelt, und nicht zuletzt die weltweite katastrophale Finanz- und Wirtschaftslage Anfang der zwanziger Jahre führen dazu, schon 1924 diesen Versuch, der die Institutionen des freien Geisteslebens auf dem Boden eines brüderlich verfahrenden Wirtschaftslebens gründen wollte, als gescheitert ansehen zu müssen. Einen ähnlichen Versuch mit gleichem Ausgang stellt die ‹Futurum AG› in der Schweiz dar.[80]

1921 kommt von ganz anderer Seite, von einer Gruppe protestantischer Pfarrer und Studenten, die Frage nach Sinn und Aufgabe des religiösen Lebens, der Seelsorge und der Gemeindebildung an Steiner heran. Seine Antwort ist derart differenziert und inhaltsreich, daß eine Anzahl junger Theologen und Wissenschaftler unter Führung von Friedrich Rittelmeyer – bis dahin bekannter protestantischer Prediger, erst in Nürnberg, dann in Berlin, der durch Michael Bauer die Anthroposophie kennenlernte – sich entschließen, eine eigenständige ‹Bewegung für religiöse Erneuerung› zu begründen. Die im Mittelpunkt stehenden sieben Sakramente – Taufe, Konfirmation, Ehe, letzte Ölung, Beichte, Abendmahl und Priesterweihe – werden in neuer, durch Rudolf Steiner aus geistiger Einsicht vermittelter Weise von einer Priesterschaft im Kreise der Menschen, die nach dieser Form der christlichen Religionsausübung suchen, gepflegt. Im Herbst 1922 beginnen in vielen, zunächst vorwiegend deutschen Städten Gemeindegründungen; für diese sich rasch erweiternde Strömung bildet ebenfalls Stuttgart, der neue Wirkensort Rittelmeyers, ein Zentrum.[81]

1919/20 verbinden sich der anthroposophischen Bewegung vermehrt Wissenschaftler aller Fachrichtungen sowie Menschen aus akademischen Kreisen, durch welche die Anthroposophie wirkungsvoller in die Öffentlichkeit getragen wird. Nicht selten wird sie aber auch, statt durch sie die Wissensgebiete methodisch befruchten zu lassen, von ihren Vertretern fachwissenschaftlich verengt.

«Wir müssen uns klar sein darüber . . . , daß namentlich nicht ... in die Denk- und Vorstellungsformen einzelner Wissenschaftsgebiete hinein der anthroposophische Impuls so gezogen werde, daß von dem heutigen Wissenschaftsbetrieb, der gerade belebt werden sollte durch den anthroposophischen Impuls, wiederum so viel abfärbt, daß die Anthroposophie etwa chemisch wird, wie die Chemie heute ist, physikalisch wird, wie die

Physik heute ist, biologisch wird, wie die Biologie heute ist. Das darf durchaus nicht sein.»[82]

Das zentrale Anliegen der Anthroposophie, einen Weg zur Erkenntnis der realen geistigen Welt zu ermöglichen sowie ihre Gesetze und Verhältnisse zu schildern, gerät oftmals in den Hintergrund.

Steiner ist nicht zuletzt durch diese Haltung häufig genötigt, von einer inneren Opposition, einer Opposition gegen Anthroposophie bei ihren eigenen Vertretern zu sprechen.

Ein lebendiger Ausdruck für den Versuch, die Verbindung des allgemeinen Wissenschaftslebens mit der Anthroposophie zu fördern, sind die seit 1920 gehaltenen anthroposophischen Hochschulkurse. Sie entstehen aus dem Streben, die Isolation der wissenschaftlichen Disziplinen voneinander durch eine anthroposophische Erweiterung zu überwinden und werden neben Steiners Beiträgen hauptsächlich von der Stuttgarter Waldorflehrerschaft getragen.

Steiner hält seit 1919 Vortragszyklen und Kurse zu einzelnen Fachgebieten vor einem entsprechenden Publikum, 1919 beginnend mit der Pädagogik, einem ersten zusammenfassenden naturwissenschaftlichen[83] und wenig später einem sprachwissenschaftlichen Kursus.[84] 1920 folgt ein erster Zyklus über Geisteswissenschaft und Medizin vor Ärzten. Daraufhin gründet Dr. ITA WEGMAN (1876–1943) in Arlesheim, nahe Dornach, ein klinisch-therapeutisches Institut, um in der Praxis das Dargelegte zu erarbeiten; die anthroposophische Ärzteschaft nimmt hier ihren Anfang.[85]

Steiners öffentliche Vortragstätigkeit erreicht 1922 ihren Höhepunkt – es bedarf einer Konzertagentur, um seine Vorträge in den größten Sälen deutscher Städte zu organisieren. Von führenden Rednern der Gesellschaft getragene anthroposophische Kongresse, von Marie Steiner-von Sivers geleitete Eurythmie-Tourneen finden vor zahlreichem Publikum statt.

Hatte die Anthroposophie bisher vornehmlich in denjenigen Menschen gelebt, die sie suchten und für ihr persönliches Seelenleben verarbeiteten, so folgt auf den Schritt in eine breite Öffentlichkeit die Begegnung mit einer wachsenden Gegnerschaft. Um den jetzt folgenden Anfechtungen – von Buchveröffentlichungen über Pamphlete bis hin zu Attentats-Versuchen gegen Steiner (München, Mai 1922) – zu begegnen, bedarf es einer innerlich festen und straff gestalteten Zusammenarbeit derer, denen diese Impulse am Herzen liegen. Das Gegenteil aber ist der Fall. Wohl besteht die Anthroposophische Gesellschaft, und ihre Zweige bieten Steiner die Möglichkeit, intime Ergebnisse seiner Geistesforschung vor einem mit den Grundlagen vertrauten Publikum darzulegen – von einer Gesellschaft, welche die aus diesen Ergebnissen heraus entstehenden Manifestationen in der äußeren Welt vertritt, fördert und mitträgt, kann, wie es sich zum erstenmal im Zusammenhang mit der Dreigliederungs-Bewegung zeigt, jedoch noch keine Rede sein. Die Träger der einzelnen kulturellen und wirtschaftlichen Gründungen sind mit all ihren Kräften in diesen engagiert, ohne darüber hinaus Sorge zu tragen für den Gesamtfortgang der Anthroposophischen Gesellschaft, in der es vorzüglich das diese Einzelbestrebungen verbindende geistig-menschliche Band zu knüpfen und zu pflegen gilt. Daß seit 1914, mit bedingt durch den Krieg, die Arbeit der beiden esoterischen Einrichtungen (E.S. und F.M.) eingestellt wurde, mag dazu beigetragen haben, daß die zunehmende Veräußerlichung jetzt kein innergesellschaftliches Gegengewicht findet.

Mitte 1922 wendet Steiner, der vor der Gefahr dieser Aufsplitterung lange gewarnt hatte, seine Kraft den Gesellschaftsangelegenheiten und der zentralen anthroposophischen Arbeit verstärkt zu.

Der in der Silvesternacht 1922 auf 1923 durch Brandstiftung vernichtete Goetheanum-Bau, der nicht allein das in fast zehnjähriger aufopferungsvoller Arbeit geschaffene Herz der anthroposophischen Bewegung bildete, sondern die Verwirklichung eines Gesamtkunstwerkes darstellte, wie es in jener Epoche von vielen gesucht und gefordert wurde, steht als erschütterndes Wahr-Zeichen für die innere Situation der Anthroposophischen Gesellschaft der Jahre 1922/23.

V

Das Jahr 1923

Hohe geistige Inhalte sind bis zum Jahre 1923 innerhalb der Anthroposophischen Gesellschaft zur Entfaltung gekommen.[86] Mit großen Anstrengungen wird um die Verwirklichung kultur-erneuernder Projekte aus diesem Geiste gerungen. Dadurch werden die Kräfte der in der Anthroposophischen Gesellschaft führenden Persönlichkeiten nahezu vollständig aufgesogen. Der Mangel einer tragfähigen, weltoffenen Vereinigung jener Menschen, die sich durch das Streben nach Geisterkenntnis verbunden wissen und freiheitlich zusammenarbeiten, Erreichtes pflegen und vor einer wachsenden Gegnerschaft schützen wollen, tritt jetzt deutlich hervor.

Das Ringen um die Grundlagen und Konstituierung einer solchen Menschen-Gemeinschaft und die an Weihnachten in Dornach vollzogene Gründung der Allgemeinen Anthroposophischen Gesellschaft läßt das Jahr 1923 für die Geschichte der Anthroposophischen Gesellschaft zu einem entscheidenden werden.

Durch ihr Engagement für den Bau in Dornach, die eurythmische, rezitatorische und schauspielerische Arbeit überlastet, zieht sich Marie Steiner-von Sivers bereits 1916 aus dem Vorstand der Anthroposophischen Gesellschaft zurück; dazu spielen Vorwürfe aus der Mitgliedschaft, die ihr Herrschaftsansprüche und Machtgelüste zur Last legen – ihre Heirat (1914) und enge Zusammenarbeit mit Rudolf Steiner mögen dabei für manchen mitveranlassend sein – eine Rolle, und es scheint ihr auch nicht zuletzt darum geboten, auf jegliche offiziellen Aufgaben innerhalb der Gesellschaft zu verzichten, um allein aufgrund ihrer künstlerischen und spirituellen Kompetenz für die anthroposophische Bewegung weiterzuwirken. Die Geschäfte in Berlin führend, vertritt der dort ansässige langjährige Mitarbeiter KURT WALTHER (1874–1940) bis 1921 ihre Stelle im Vorstand.[87]

Als es 1921 in Stuttgart zur Neubildung des Zentralvorstandes der Anthroposophischen Gesellschaft kommt, bleibt Carl Unger als einziges Gründungsvorstandsmitglied im umgebildeten Vorstand, da Michael Bauer wegen seiner labilen Gesundheit sich zurückziehen muß. Hinzugezählt werden der Schweizer ERNST UEHLI (1875–1959), Kunsthistoriker und Lehrer für Religion, Geschichte und Kunstgeschichte an der Waldorfschule, sowie EMIL LEINHAS (1878–1967), der als Kaufmann führend in der Dreigliederungsarbeit und den wirtschaftlichen Unternehmungen steht. Während dieser Mitgliederversammlung zur Neubildung des Vorstandes nennt Steiner als Ursachen für die innergesellschaftlichen Schwierigkeiten den «Hang zur nebulosen Mystik», Reste des «theosophisch-gesellschaftlichen Empfindens» und den mangelnden Verkehr, die mangelnde menschliche Verbindung innerhalb der Gesellschaft.[88]

Nachdem auch durch diese neue Führung – ganz in Stuttgart ansässig - keine befriedigende Konsolidierung gelingt, wird 1923 die gründliche Neukonstituierung der ganzen Gesellschaft unumgänglich, die in ihrer Organisationsform von 1913 in keiner Weise mehr den veränderten Anforderungen der mitten im öffentlichen Leben zu vertretenden anthroposophischen Bewegung gerecht werden kann.

Hervorgegangen aus der deutschen Sektion der Theosophischen Gesellschaft sind bisher die unterschiedlichen Notwendigkeiten nicht oder ungenügend berücksichtigt, die sich in den verschiedenen Nationen ergeben. Es bestehen zehn Jahre nach ihrer Gründung in fast allen europäischen und zahlreichen außereuropäischen Staaten Zweige der Anthroposophischen Gesellschaft; die Mitgliederzahl ist auf etwa zwölftausend angewachsen.[89] – Man kann ahnen, welche Unannehmlichkeiten beispielsweise für einen Franzosen während des Krieges entstanden durch die Zugehörigkeit zu einer Gesellschaft, die ihren offiziellen Sitz im kaiserlich-deutschen Berlin hat.

Ein wesentliches Bemühen gilt folglich der Begründung von unabhängigen Landesgesellschaften, die nach den jeweiligen in ihrem Land und Mitgliederkreisen vorhandenen Umständen und Bedürfnissen ihre Statuten und Modalitäten zu formen haben. Ihren Mittelpunkt sollen diese selbständigen Landesgesellschaften im Goetheanum in Dornach in der dort ansässigen Internationalen Anthroposophischen Gesellschaft finden.

Am 17. 6. wird der Wiederaufbau des Goetheanum vom Goetheanum-Bauverein beschlossen und Ende Juli in einer Delegiertenversammlung von den Mitgliedern bestätigt.[90]

Steiner versucht, während Aufenthalten zu Vortragsreihen im Ausland in den einzelnen Ländern Anregungen und Ratschläge zur Formung selbständiger Landesgesellschaften zu geben, legt aber Wert darauf, daß die dort Verantwortlichen selbst mit ihrer Mitgliedschaft die gesellschaftlich-soziale Form für ihre Bestrebungen formulieren und verwirklichen.

Die Neugliederung der Gesellschaft in Deutschland, wo der noch die Verantwortung für die Gesamtgesellschaft tragende Zentralvorstand, die meisten Mitglieder und Einrichtungen der Bewegung sich befinden, erfordert die größte Anstrengung. Durch die verschiedenen Institutionen, durch unterschiedlich gesetzte Prioritäten und die häufig stark ausgeprägten persönlich-charakterlichen Eigenschaften der einzelnen bedingt, waren in den letzten Jahren divergierende, einander nicht selten entgegengesetzte Gruppierungen entstanden.[91]

Carl Unger und Adolf Arenson können als Exponenten der im denkerisch-erkenntnismethodischen Auffassen und Vertreten der Anthroposophie das Hauptgewicht setzenden Mitglieder angesehen werden, die zum großen Teil der älteren Generation angehören.

Ein erst später, oft während des Krieges an die Bewegung herangekommener und vorzüglich in den sozialen, akademisch-öffentlichkeitsorientierten Bestrebungen verwurzelter Mitgliederteil ist durch die junge Waldorflehrerschaft vertreten, aus der neben anderen die beiden Wiener EUGEN KOLISKO (1893–1939) – Schularzt und Lehrer für Chemie und Menschenkunde – und WALTER JOHANNES STEIN (1891–1957), Geschichtslehrer, besonders hervortreten.

Eine große Anzahl junger Menschen, die nach dem Krieg sich mit Anthroposophie verbindet, enttäuscht von der Generation und Kultur ihrer Väter, hat die Grundlagen für ihre zukünftigen Wege von Trümmern umgeben zu schaffen. Ihr Zugang zur Anthroposophie scheint ganz anderer Wege als der bisherigen zu bedürfen. Sie suchen weniger Kenntnisse, Ideen und Gedankenarbeit, aber es lebt ein elementarer, im Herzen urständender Gestaltungs- und Erlebnisdrang, gepaart mit ausgeprägter Gemeinschaftssehnsucht in der Mehrzahl von ihnen. MARIA RÖSCHL (1890–1969) und ERNST LEHRS (1894–1979), beide Lehrer an der Waldorfschule, die in der anthroposophischen Arbeit engagierten JÜRGEN VON GRONE (1887–1978) und HANS BÜCHENBACHER (1887–1977) sowie in der studentischen Hochschularbeit Tätige wie RENÉ MAIKOWSKI und WILHELM RATH (1897–1973) wären als Vertreter dieser Strömung, die nicht allein auf die jungen Menschen beschränkt bleibt, zu nennen.

Den Unterschied der beiden erstgenannten zu letzterer Gruppierung beschreibt Steiner: «Ein feines Verständnis haben diese führenden Persönlichkeiten in Stuttgart, sie verstehen gleich alles, man braucht nicht viel zu reden . . . Es ist ihnen absolut alles klar, man braucht nur etwas anzuschlagen. Aber sie tun es meistens nicht. Dann sind die anderen, das ist die andere Partei: voller anthroposophischer Seelenhaftigkeit, ganz bei der Anthroposophie dabei . . . Sie verstehen zunächst nichts von dem, was ich sage, aber sie tun gleich alles.»[92]

Neben diesen, nicht zuletzt, jedoch nicht allein auf Generationskonflikte zurückgehenden Spannungen, ergeben sich besondere Schwierigkeiten aus dem Verhältnis der ‹Bewegung für religiöse Erneuerung› zur Anthroposophischen Gesellschaft. Ihre Gründung im Herbst 1922 ruft unvorhersehbare Mißverständnisse hervor. Anthroposophie als Geist-Erkenntnis und vor allem als Weg zu dieser kann selbst in keiner Weise als Religion verstanden werden, auch wenn ihr ein starkes, originär-religiöses Element innewohnt. Daß aus der Erkenntnis der übersinnlichen Welten und Wesen eine Erhellung der Religionen möglich ist, liegt in der Natur der Sache, und es wurde angedeutet, wie dieses vorzüglich durch die Entwicklung der Christologie geschah.

Zudem kann durch Anthroposophie eine Erweiterung und Belebung des gemeindebildenden religiösen Wesens geschaffen werden. In dieser Haltung gab Steiner aus seinen Erkenntnissen denen eine Hilfestellung, welche die Erneuerung des christlich-religiösen Lebens als ihre Aufgabe ansahen.

«Das, was ich diesen Persönlichkeiten gegeben habe, hat nichts zu tun mit der anthroposophischen Bewegung. Ich habe es ihnen als Privatmann gegeben und habe es so gegeben, daß ich mit notwendiger Dezidiertheit betont habe, daß die anthroposophische Bewegung mit dieser Bewegung für religiöse Erneuerung nichts zu tun haben darf; daß aber vor allen Dingen nicht ich der Gründer bin dieser Bewegung für religiöse Erneuerung, daß ich darauf rechne, daß der Welt das durchaus klar gemacht werde, und daß ich einzelnen Persönlichkeiten, die von sich aus begründen wollten diese Bewegung für religiöse Erneuerung, die notwendigen Ratschlüsse gegeben habe, Ratschlüsse, die allerdings geeignet waren, einen gültigen und spirituell kräftigen, spirituell von Wesenheit erfüllten Kultus auszuüben, in rechtmäßiger Weise mit den Kräften aus der geistigen Welt heraus zu zelebrieren.»[93]

Durch Vermittlung der Priesterschaft der ‹Christengemeinschaft› wird in der Folge denen ein geistiger Inhalt gegeben, die zunächst nicht selbst den inneren Weg der *Geist-Erkenntnis* begehen wollen oder können und in einer Gemeinde ein zeitgemäßes *Geist-Bewußtsein* pflegen wollen. Natürlicherweise kann aus dieser Pflege eine Suche nach Geistes-Wissenschaft entstehen.

Ferner weist Steiner ausdrücklich darauf hin, daß beide Bewegungen untergraben werden, wenn die Verschiedenheit der Aufgaben und Ziele nicht wachsam beachtet wird. Es bedeutet das nicht eine Unangemessenheit des Kultus der ‹Christengemeinschaft› für Mitglieder der Anthroposophischen Gesellschaft, aber von dem bewußt sich selbst erziehenden Geistes-Schüler darf eine andere innere Haltung bei der Teilnahme am Kultus erwartet werden.

In der Realität aber bestehen Ende 1922 neu-gegründete Gemeinden gelegentlich nahezu vollständig aus Anthroposophen, von denen manche die Menschenweihehandlung als Krönung der Anthroposophie ansehen.[94]

Hinzu kommt, daß die an die Öffentlichkeit sich richtende Wirksamkeit für Anthroposophie, die in dieser Zeit, wie gesagt, umfangreich und weitreichend ist, zum größten Teil von den Repräsentanten der genannten Gruppierungen und den Mitgliedern des Zentralvorstandes getragen werden, und so verwaist am Ort der Leitung das innergesellschaftliche Leben, das menschlich-verbindende Element am stärksten; es bildet sich ein kühler Bürokratismus heraus, der die Bezeichnung ‹Stuttgarter System› entstehen läßt.

Um neue, intensivere Formen der Zusammenarbeit zu erreichen und die Vernachlässigung der inneren Angelegenheiten der Gesellschaft zu beheben, bildet sich um die Jahreswende

1922/23 aus den in Stuttgart ansässigen, verantwortlich-tätigen und führenden Mitarbeitern der sogenannte ‹Dreißigerkreis›.

Neben dem Ringen um eine Konsolidierung wird das Suchen nach einer gemeinsamen Willensbildung und einem menschlich-vertrauensvollen Miteinander, die Auflösung der Spannungen und Divergenzen das Hauptmotiv in diesen meist unter Steiners Vorsitz stattfindenden Sitzungen.[95]

Aus diesem Mitarbeiterkreis geht, nachdem Ernst Uehli aus dem Zentralvorstand zurücktritt und Carl Unger sein Amt gegebenenfalls zur Verfügung stellen will, ein Aufruf hervor, der die ganze Mitgliedschaft zur Mithilfe bei der Neugestaltung der Gesellschaft auffordert. Es kommt daraufhin Ende Februar zu einer Delegierten-Versammlung, während der eine erneute Vorstandsumbildung, der Generationskonflikt und das Verhältnis der Anthroposophischen Gesellschaft zur Bewegung für religiöse Erneuerung zur Sprache kommen. Steiner hält zwei grundlegende Vorträge zur Gemeinschaftsbildung, in denen die verschiedene Artung und der unterschiedliche Hintergrund der Anthroposophischen Gesellschaft und der Bewegung für religiöse Erneuerung sowie Ursachen der Gesellschaftskonflikte beleuchtet werden.[96]

Nachdem sich keine gangbare Möglichkeit findet, die größtenteils von jungen Mitgliedern dargelebte neuartige Strebensrichtung in die bestehende Gesellschaft zu integrieren, kommt es zur Gründung einer ‹Freien Anthroposophischen Gesellschaft›, die deren Bedürfnissen einen lockeren Rahmen bieten soll. Die Leitung übernimmt ein Komitee, bestehend aus den oben genannten Vertretern dieser Strömung sowie dem Lehrer MORITZ BARTSCH (1869–1944) und dem die Arbeit in Bremen leitenden J. G. W. SCHRÖDER (1870–1942).

Der neugebildete Vorstand – nun nicht mehr Zentralvorstand sondern Vorstand der deutschen Anthroposophischen Gesellschaft (eine Wandlung, die selbst den Beteiligten nicht sogleich deutlich wurde) – setzt sich zusammen aus: Carl Unger, Emil Leinhas, Eugen Kolisko, Friedrich Rittelmeyer, Jürgen von Grone (der somit beiden Vorständen angehört), der den Philosophisch-Anthroposophischen Verlag leitenden JOHANNA MÜCKE (1864–1949), OTTO PALMER (1867–1945), der als Arzt das Klinisch-Therapeutische Institut in Stuttgart leitet, WOLFGANG WACHSMUTH (1891–1953), Leiter des Verlages ‹Der Kommende Tag›, und dem Musiker LOUIS WERBECK (1879–1928), der die Arbeit in Hamburg leitet; wenig später wird Walter Johannes Stein kooptiert.

Ferner wird ein aus Vertretern beider Vorstände bestehendes Zentralkomitee gebildet, um eine fruchtbare Zusammenarbeit zu ermöglichen.

Es kommt im Verlauf des Jahres, außer in Deutschland, zu Gründungen von Landesgesellschaften in England, Holland, Österreich, Norwegen, der Tschechoslowakei und Frankreich mit jeweils unterschiedlicher Struktur neben der schon bestehenden schwedischen (seit 1913) und schweizerischen (seit 1922) Gesellschaft.

Steiners Vortragstätigkeit während des Jahres 1923 bezieht sich vorzüglich auf zentrale anthroposophische Themen, die Bedeutung der Anthroposophie für die Gegenwart – überall eine Besinnung auf Wesen und Aufgaben der anthroposophischen Arbeit anregend; gegen Ende des Jahres gipfelt diese in einem umfassenden Rückblick auf das Mysterienwesen der Vergangenheit[97], und die Frage nach einem solchen des zwanzigsten Jahrhunderts steht offen vor der Anthroposophenschaft.

Die trotz aller Bemühungen weiterhin schwierige gesamtgesellschaftliche Situation aber stellt Rudolf Steiner vor die Entscheidung, in Zukunft nicht weiter in und für eine Gesellschaft zu arbeiten, die sich nicht als geeignetes Gefäß der Anthroposophie erweist, oder aber den Vorsitz einer die Landesgesellschaften verbindenden internationalen Anthroposophischen

Gesellschaft selbst zu übernehmen, um bis in die administrativen Einzelheiten hinein gestaltend zu wirken und zu versuchen, die Anthroposophische Gesellschaft ganz zum Ausdruck der Anthroposophie werden zu lassen.

«Ich habe noch zu erwähnen, daß ich ja in der letzten Zeit recht gründlich wirklich überlegt habe, wie nun eigentlich die Anthroposophische Gesellschaft, wenn sie ihre Aufgabe erreichen soll, in der nächsten Zukunft gestaltet werden muß. . . Es ist schon so, daß gegenwärtig die Dinge sehr, sehr ernst, bitter ernst genommen werden müssen. Sonst müßte eigentlich dennoch dasjenige eintreten, wovon ich ja oftmals gesprochen habe, daß ich mich von der Anthroposophischen Gesellschaft zurückziehen müßte.»[98]

Ende November beginnt er in Dornach mit Marie Steiner-von Sivers, Albert Steffen, Ita Wegman, Guenther Wachsmuth und Elisabeth Vreede Gespräche zur Vorstandsbildung, Struktur und Aufgabenstellung einer ‹Internationalen Anthroposophischen Gesellschaft› zu führen.

Zurückblickend auf die Entwicklung der anthroposophischen Bewegung und Gesellschaft zeigen sich folgende Perioden:

1902–1909: Grundlegung des anthroposophischen Welt- und Menschenbildes sowie des Schulungsweges. Gemeinschaftsbildung im Rahmen der Theosophischen Gesellschaft.

1909–1916/17: Künstlerische Entwicklung (Mysteriendramen, Eurythmie, Goetheanum-Bau). Distanzierung und Trennung von der Theosophischen Gesellschaft. Bildung der Anthroposophischen Gesellschaft. Diese beiden Perioden durchzieht die Entfaltung der Christologie.

1916/17–1923: Sozial-Gestaltung (Dreigliederung, Pädagogik, Bewegung für religiöse Erneuerung, Hochschulkurse, Medizin). Schwäche und Umbildung der Gesellschaft. Konstitution der Allgemeinen Anthroposophischen Gesellschaft und der Freien Hochschule für Geisteswissenschaft.

VI
Die Weihnachtstagung 1923/24 zur Begründung der Allgemeinen Anthroposophischen Gesellschaft. Das Jahr 1924

«Es hängt nun viel daran, wie Menschen sich
In diesem Augenblicke seelisch finden,
Die wie verschiedene Welten sich begegnen
Und die doch, einig, Großes schaffen sollen.»

Hilarius im 1. Bild des vierten Mysteriendramas ‹Der Seelen Erwachen›.

Am 16. 12. 1923 werden die Mitglieder der Anthroposophischen Gesellschaften durch die Schweizer Landesgesellschaft eingeladen zur ‹Gründungs-Versammlung der Internationalen Anthroposophischen Gesellschaft, Dornach, Weihnachten 1923›.[99]

Vorangegangen war dieser Einladung der Vorschlag englischer Mitglieder vom Juni 1923, eine internationale Delegiertenversammlung einzuberufen, die im Juli 1923 in Dornach stattfand. Während dieser wurde, neben dem Wiederaufbau des Goetheanums, beschlossen, an Weihnachten eine Versammlung zur Gründung einer Internationalen Anthroposophischen Gesellschaft zu veranstalten und einen ihre Geschäfte führenden Generalsekretär zu wählen; letzteres wurde aufgrund Rudolf Steiners Vorschlag, die Leitung selbst zu übernehmen, hinfällig.

Mit dieser Weihnachtstagung 1923/24 beginnt in der Geschichte der Anthroposophischen Gesellschaft ein völlig neues Kapitel. Äußerlich betrachtet handelt es sich vom 24. 12. 1923 – 1. 1. 1924 um die Begründung der dann sogenannten ‹Allgemeinen Anthroposophischen Gesellschaft›, welche die anthroposophischen Landesgesellschaften aus aller Welt zusammenzufassen hat.[100] Während dieser Tagung tragen verschiedene Redner vor, Rudolf Steiner hält einen Zyklus über ‹Die Weltgeschichte in anthroposophischer Beleuchtung›[101], künstlerische Veranstaltungen werden dargeboten und es finden Statutenverhandlungen sowie Besprechungen über organisatorisch-administrative Fragen statt.[102]

Die spirituelle Dimension als die wesentliche dieses Geschehens ist nicht zu erfassen ohne ein profundes Eintauchen in die anthroposophische Erkenntnis-Methode und das aus ihr erwachsene Geistesgut. Rudolf Steiner, der Träger und Repräsentant der anthroposophischen Bewegung, insofern sich diese aus der geistigen Welt den Menschen kundgeben will, als freier Geistes-Lehrer vor der Öffentlichkeit und in engeren, mit den Grundlagen der Geisterkenntnis vertrauten Kreisen wirkend, ergreift selbst den Vorsitz dieser neuen Gesellschaft und verbindet sich und seine Mission verantwortlich mit deren Tun und Werden. In der Folge bilden dadurch geistige Strömung und irdische Gemeinschaftsform ein Ganzes.

«Ich habe es ja oftmals, bevor diese Weihnachtstagung am Goetheanum war, betonen müssen, daß man zu unterscheiden habe zwischen der anthroposophischen Bewegung, die eine spirituelle Strömung in ihrer Spiegelung auf Erden darlebt, und zwischen der Anthroposophischen Gesellschaft, die eben eine Gesellschaft ist, die in einer äußerlichen Weise verwaltet wurde, indem man ihre Funktionäre wählte oder auf eine andere Art bestimmte. Seit Weihnachten muß das Gegenteil gesagt werden. Nicht mehr kann man unterscheiden die anthroposophische Bewegung von der Anthroposophischen Gesellschaft. Sie sind beide eins: denn damit, daß ich selber Vorsitzender der Gesellschaft geworden bin, ist die anthroposophische Bewegung eins geworden mit der Anthroposophischen Gesellschaft.»[103]

Wurde 1913 ein Grundstein zum Bau des Goetheanums in die Erde gesenkt, so wird hier der Grundstein für eine neue Menschen-Gemeinschaftsform in die Herzen der einzelnen Teilnehmer gelegt in Form der drei- bzw. vierteiligen Grundsteinmeditation, die Steiner zu Beginn jeder Sitzung während der Weihnachtstagung spricht.[102]

Den Mittelpunkt der Allgemeinen Anthroposophischen Gesellschaft bildet die Freie Hochschule für Geisteswissenschaft am Goetheanum, deren Einrichtung und Führung, aufgrund der ihm allein dazu eigenen Kompetenz, Rudolf Steiner obliegt. Er behält sich die Ernennung eines eventuellen Nachfolgers vor. Die Freie Hochschule für Geisteswissenschaft soll das Zentrum bilden einer zeitgemäßen, vom Denken ausgehenden christlich-esoterischen Geistes-Schulung, die zu einem vollbewußten Erforschen der übersinnlichen Welten geeignet ist. Sie ist in drei Klassen gegliedert, die den Schritten und der Entwicklung der zu erwerbenden Fähigkeiten entsprechen. An sie angeschlossen sind Fachsektionen, deren Aufgabe darin besteht, das in einzelnen Lebens- und Wissenschaftsgebieten Geleistete esoterisch zu vertiefen und diese zu befruchten.

Diese Hochschule stellt in verwandelter Form eine Fortsetzung jener Schulung dar, die Steiner bis 1914 für gewisse Kreise der Mitgliedschaft bereits durchgeführt hatte. Ein tätiger Kreis esoterisch forschender Anthroposophen, die die Anthroposophie nicht allein für ihre persönliche Seelenentwicklung gebrauchen, sondern sich darüber hinaus – und hier liegt eine bedeutsame Wandlung – für sie vor der Welt verantwortlich fühlen wollen, soll sich in dieser Hochschule so verbinden, daß damit der anthroposophischen Bewegung als spiritueller Strömung ein Raum, eine Hülle auf der Erde geschaffen wird.

Die Allgemeine Anthroposophische Gesellschaft hat nach außen hin dagegen einen völlig öffentlichen Charakter. Ihr Mitglied kann jeder, ohne Unterschied der Nation, des Standes, der

Religion, der wissenschaftlichen oder künstlerischen Überzeugung, allein in Anerkennung des Bestandes des Goetheanums als Freier Hochschule für Geisteswissenschaft, werden. Sie fördert die Arbeit der Hochschule und ist als Vorschule zu dieser anzusehen. Rudolf Steiner beschreibt das Verhältnis von Hochschule und Gesellschaft u. a. folgendermaßen:

«Es wird . . im allgemeinen so sein müssen, daß der Mensch die geistige Welt zuerst in der Ideenform kennenlernt. In dieser Art wird die Geisteswissenschaft in der Allgemeinen Anthroposophischen Gesellschaft gepflegt. Es wird aber Persönlichkeiten geben, die teilnehmen wollen an den Darstellungen der geistigen Welt, die von der Ideenform aufsteigen zu Ausdrucksarten, die der geistigen Welt selbst entlehnt sind. Und auch solche werden sich finden, welche die Wege in die geistige Welt kennenlernen wollen, um sie mit der eigenen Seele zu gehen.

Für solche Persönlichkeiten werden die drei Klassen der «Schule» da sein . . Die «Schule» wird den Teilnehmer hinaufleiten in die Gebiete der geistigen Welt, die nicht durch die Ideenform geoffenbart werden können. Bei ihnen tritt die Notwendigkeit ein, Ausdrucksmittel für Imaginationen, Inspirationen und Intuitionen zu finden.» [104]

Die Verbindung des individuellen esoterischen Strebens und Forschens, das zur Bildung einer Bewußtseinsgemeinschaft führt (Hochschule), mit uneingeschränkter Weltöffentlichkeit (Gesellschaft), bauend auf der Freiheitsfähigkeit und Selbstverantwortlichkeit des Einzelnen, macht das historisch Erstmalige und Bedeutsame dieser Schöpfung aus.

Das zuerst in der «Philosophie der Freiheit» anklingende Motiv, welches das Geistige an sich und im Menschen einsehbar macht und die Grundzüge einer geistgemäßen, zur Freiheit führenden Erkenntnishaltung beschreibt, läßt sich in der Anlage der Sozialgestalt der Allgemeinen Anthroposophischen Gesellschaft als Lebenspraxis, als Tat wiederfinden.

Wieder, wie bei der Grundsteinlegung 1913, wird die Weihnachtstagung zur Begründung der Allgemeinen Anthroposophischen Gesellschaft durch Rudolf Steiner zu einem Akt, der sich vorzüglich an die Wesen der geistigen Welt richtet und vor ihnen zu verantworten ist. Und eben hier liegt die für das an die Sinne gebundene Bewußtsein nur ahnbare Bedeutung dieser Handlung, in der sich ein in seinen Taten bewußt der geistigen Weltenlenkung verpflichtet wissender Mensch ganz mit einer irdisch-menschlichen Gemeinschaftsform und allen aus dieser erwachsenden Unzulänglichkeiten verbindet. Er bezeichnet darum den sich um ihn als 1. Vorsitzenden gruppierenden, aus fünf Persönlichkeiten bestehenden Vorstand, den er zur Gesellschaftsleitung vorschlägt, als einen *esoterischen*, denn auch dieser ist in seinen initiativen Handlungen und Entscheidungen nicht allein den Menschen und der Gesellschaft, der er vorsteht, sondern in erster Linie der geistigen Welt und den aus ihr empfangenen Impulsen verpflichtet.[103] Es mag als Tragik angesehen werden, daß diese nicht im ersten Anlauf verstehbare Dimension der Weihnachtstagung, die sich in der realen Verbindung des Esoterischen mit dem Exoterischen ausdrückt, wohl von vielen führenden Mitgliedern tief empfunden, nicht aber aus geistiger Einsicht vollständig erkannt wird.

Marie Steiner-von Sivers schreibt Jahre darauf – damit eine ganze spätere Auffassungs-Richtung innerhalb der Allgemeinen Anthroposophischen Gesellschaft kennzeichnend: «Eine Schilderung der Weihnachtstagung zu geben, ist wohl eine der schwersten Aufgaben, die man sich stellen kann. Kaum ist es unserer beschränkten Einsicht möglich, zu überschauen, was als impulsierende Kraft hinter ihr steht. Es ist der mächtigste Versuch eines Menschen-Erziehers gewesen, seine Zeitgenossen über das eigene kleine Selbst hinauszuheben, sie zum bewußten Wollen wachzurufen, Werkzeuge der weisen Weltenlenkung werden zu dürfen. Doch ist diese Weihnachtstagung zugleich mit einer unendlichen Tragik verbunden. Denn man kann nicht anders sagen: Wir waren wohl berufen, aber nicht auserwählt. Wir sind dem Ruf nicht gewachsen gewesen. Die weitere Entwicklung hat es gezeigt.» [104]

Rudolf Steiner selbst kann die spirituellen Folgen seiner Entscheidung, sich ganz der Gesellschaft zu verbinden, nicht übersehen und bezeichnet es als Wagnis, das in der geistigen Welt angenommen oder abgelehnt werden könne. [105] Daß es ihm nach der Weihnachtstagung in noch reicherem Maße möglich ist, Forschungsergebnisse geistiger Zusammenhänge zu erarbeiten und zur Offenbarung gelangen zu lassen zeigt ihm, daß seine Handlung den Absichten jener Mächte und Daseinsreiche entspricht, vor denen er seine Taten zu verantworten hat.

Neben ihm als dem 1. Vorsitzenden, der zur gleichen Zeit Inaugurator der Freien Hochschule für Geisteswissenschaft sowie der Leiter ihrer allgemeinen anthroposophischen Sektion ist, werden mit der Vorstandsarbeit jene fünf Mitarbeiter betraut, mit denen er seit November 1923 vorbereitende Gespräche führte. Daß Marie Steiner-von Sivers dem neuen Vorstand angehört, erscheint bereits aus der vorangegangenen Schilderung ihrer Bedeutung für die Entwicklung der anthroposophischen Bewegung einleuchtend; Steiner überträgt ihr zudem die Leitung der Sektion für redende und musische Künste der Freien Hochschule für Geisteswissenschaft.

Der bereits durch zahlreiche Veröffentlichungen bekannte Schweizer Dichter ALBERT STEFFEN (1884–1963) trifft 1907 in Berlin auf Steiner und erkennt in ihm «sogleich den Menschheitsführer: Die Weisheit in der Stirn, die Liebe im Auge, das Gewissen im Wort. Jede Gebärde war der Ausdruck der Harmonie, in Freiheit geformt, künstlerisch.» [106] 1910 tritt er der deutschen Sektion der Theosophischen Gesellschaft bei und erlebt in München die Aufführung der Mysteriendramen. Das eigene Erleben einer unter- und übersinnlichen Welt sowie seine urkünstlerische Natur setzt ihn nie der Gefahr aus, das anthroposophische Geistesgut in uneigenständiger oder allein intellektueller Art aufzufassen. Die Geistesschulung, durch die das höhere Selbst des Menschen zur Wirksamkeit kommt, und durch welche die Möglichkeit zur Verwandlung des Bösen entsteht, ist ihm das dringendste Anliegen in seiner persönlichen Entwicklung sowie das tragende Motiv seiner Dichtung.

Seit 1914 wirkt Steffen neben produktivster schriftstellerischer Arbeit am werdenden Goetheanum mit und übersiedelt 1920 ganz nach Dornach. Seit 1916 tritt Steffen, der eher die Stille und schöpferische Zurückgezogenheit sucht, öffentlich in Aufsätzen, Zeitungsartikeln und Vorträgen für die anthroposophische Geistesbewegung auf. Nachdem von einer Gruppe tätiger Anthroposophen 1921 die Gründung einer Zeitschrift, die ein zeitgemäßes Geistesleben vertreten soll, angeregt wird, übernimmt Steffen auf Anraten Steiners die Redaktion und führt ‹Das Goetheanum›[107] über 42 Jahre lang. Neben seinen eigenen Werken (die Gesamtausgabe der Werke Albert Steffens umfaßt heute über 70 Bände[108]), die aus innerer Anschauung und Geisterfahrung – nicht immer leicht und für jedermann zugänglich – geschrieben erscheinen, gibt er zusammenfassende Referate von Vorträgen und Zyklen Steiners, die dieser als beispielhaft für die selbständige, künstlerische Verarbeitung der Anthroposophie bezeichnet. 1922 wird er zum Generalsekretär der Anthroposophischen Gesellschaft in der Schweiz ernannt und gehört zu den engsten Mitarbeitern Steiners in Dornach. Am ersten Tag der Weihnachtstagung schlägt Steiner ihn als stellvertretenden Vorsitzenden der Allgemeinen Anthroposophsichen Gesellschaft vor und überträgt ihm die Leitung der Sektion für schöne Wissenschaften der Hochschule.[109]

Die Holländerin Ita Wegman (vgl. S. 47), geboren in Niederländisch-Indien (Indonesien), lernt – nach einem Aufenthalt zum Schulbesuch (1893–1894) in Holland – in Indien die Theosophie kennen. Um die Jahrhundertwende nach Europa zurückgekehrt, absolviert sie eine Ausbildung in Gymnastik und Massage und eröffnet in Berlin ein Therapeutikum für physikalische Therapie. 1902 trifft sie dort, bereits Mitglied der Theosophischen Gesellschaft, auf Rudolf Steiner und wird seine persönliche Schülerin. Sie faßt im Jahre 1905, seinem Rat folgend, den Entschluß, in der Schweiz Medizin zu studieren und erwirbt 1911 das schweizerische Arztdiplom in Zürich und eröffnet dort nach einigen Assistenzarztjahren eine eigene Praxis.

1921 gründet sie, impulsiert durch die medizinischen Kurse Steiners, das Klinisch-Therapeutische Institut in Arlesheim, wo aus ihrem Einsatz der durch Geisteswissenschaft erweiterten Medizin eine erste kraftvoll in die Außenwelt wirkende Pflegestätte erblüht; daneben führt sie eine Praxis in Basel.

Nach dem Brand des Goetheanums beginnt Ita Wegmann in engem Zusammenwirken mit Steiner Arbeiten zu einem medizinischen Buch, in dem ‹Grundlegendes zur Erweiterung der Heilkunst nach geisteswissenschaftlichen Erkenntnissen›[110] ausgearbeitet wird. Erste Elemente dazu lagen bereits seit 1907/08 vor. Die anthroposophisch befruchtete Medizin und Heilpädagogik findet in ihrem schöpferisch-herzlichen und ebenso weltoffenen Wesen die entscheidend impulsierende Repräsentantin. Aufgrund ihres intensiven Interesses für das antike Mysterienwesen, an das die Medizin in jenen Zeiten stets eng geknüpft war, fragt sie Rudolf Steiner im Laufe des Jahres 1923 nach den Bedingungen und Möglichkeiten einer Erneuerung der Mysterien in heutiger Zeit. Die Weihnachtstagung mag ihr wie eine Antwort auf diese Frage gewesen sein, und sie fühlt sich als Vorstandsmitglied stets berufen, auf diesen Aspekt der Weihnachtstagung hinzudeuten. Steiner übergibt ihr die Leitung der medizinischen Sektion der Hochschule.[112]

Die Astronomin und Mathematikerin ELISABETH VREEDE (1879–1943), in Den Haag als Tochter eines Juristen geboren, studiert in Leiden neben den zu ihrem Beruf führenden Fächern Philosophie und Sanskrit, unterrichtet anschließend an einer höheren Schule Mathematik und gibt Privatunterricht. Da ihre Eltern Mitglieder der Theosophischen Gesellschaft sind, kommt sie schon früh in Berührung mit dieser Geistesströmung und wird 1900 Mitglied, obwohl sie eher Antipathie als Zuneigung zu dieser Gesellschaft empfindet. Die erste Begegnung mit Rudolf Steiner auf einem theosophischen Kongreß in London hinterläßt ihr einen vehementen Eindruck, wenngleich sie durch das von ihm Gesprochene nicht berührt, ja eher abgestoßen ist. Erst die Aufsatzreihe ‹Wie erlangt man Erkenntnisse der höheren Welten› ergreift sie tief im Innern und die 1908/09 von Steiner gehaltenen Zyklen über die geistigen Hierarchien geben ihrem Leben die Richtung. 1914 übersiedelt sie nach Dornach, um am Bau mitzuwirken, lebt ab 1920 in Arlesheim und gibt neben ihren mathematischen und astronomischen Forschungen Kurse und Vorträge zu diesen Wissenschaftsgebieten. All ihr Tun ist gekennzeichnet durch Stille, Bescheidenheit und Zurückhaltung wie durch ausgesprochene Exaktheit. Die Einrichtung des Archivs am Goetheanum zur Sammlung der Vortragsnachschriften Steiners geht auf ihre Initiative zurück. Als Rudolf Steiner sie während der Weihnachtstagung als Vorstandsmitglied vorschlägt, charakterisiert er sie als jemanden, «die wirklich bis ins i-Tüpfelchen hinein als getreueste Mitarbeiterin hier ausgeprobt worden ist . . .»[113]. Ferner übernimmt sie die mathematisch-astronomische Sektion der Hochschule.[114]

Als sechstes Vorstandsmitglied wird GUENTHER WACHSMUTH (1893–1963) hinzugezogen, der nach Studien der Rechte und Nationalökonomie seit 1921 an Stelle des erkrankten Roman Boos als Sekretär Rudolf Steiner auf seinen Reisen begleitet und zum engen Mitarbeiterkreis in Dornach zählt. Ihm wird, aufgrund seiner breiten Kenntnisse dieses Bereichs, die naturwissenschaftliche Sektion der Hochschule übertragen. Sein Kontakt zu Steiner entstand durch seinen Bruder Wolfgang Wachsmuth, der im Vorstand der deutschen Landesgesellschaft tätig ist und den Verlag der ‹Kommende Tag AG› leitet (vgl. S. 57). Seine auf ausgedehnten Reisen und durch die in Oxford und Deutschland absolvierten Studien gesammelten Kenntnisse und Erfahrungen machen ihn zu einem ausgesprochenen Weltmann in Gebaren und Habitus und geben ihm die Fähigkeit der schnellen Überschau. Sein glänzendes Organisationstalent läßt ihn für die Aufgaben als Sekretär und Schatzmeister der Allgemeinen Anthroposophischen Gesellschaft, als «einer, der denken muß für alle»[115], prädestiniert erscheinen.[116]

Steiner legt Wert darauf, daß der aus diesen Persönlichkeiten zusammengesetzte Vorstand weder gewählt noch ernannt ist, sondern sich aus sachlichen wie spirituellen Gründen zusammenfindet, gebildet ist und durch die Bestätigung der Mitgliedschaft wirksam wird: ein zarter, Grat-gleicher Weg zwischen dem gewohnten demokratischen und aristokratisch-autoritativen Vorgehen – beides bleibt gleichermaßen der anthroposophischen Sache wesensfremd, wiewohl ersteres für Angelegenheiten der Gesellschaft angemessen sein kann, niemals aber für solche der Freien Hochschule für Geisteswissenschaft.

Der Vorstand besteht aus in Dornach ansässigen Persönlichkeiten, die mit den Generalsekretären und Vorstandsmitgliedern der autonomen Landesgesellschaften einen erweiterten Vorstand bilden. Der Vorstand der Allgemeinen Anthroposophischen Gesellschaft hat keine Entscheidungsbefugnisse in den Angelegenheiten der Landesgesellschaften; deren Statuten aber sollen denen der Allgemeinen Anthroposophischen Gesellschaft nicht widersprechen, und zwischen den Landesvorständen, namentlich den Generalsekretären und dem Dornacher Vorstand ist ein Einverständnis, d. h. eine Anerkennung jener durch diesen anzustreben, um eine fruchtbare Zusammenarbeit zu gewährleisten. «Der Vorstand am Goetheanum soll ein Körper sein, der

Anthroposophie pflegen will, und die Gesellschaft sollte eine Verbindung von Menschen sein, die sich mit ihm über ihre Pflege der Anthroposophie lebendig verständigen wollen».[117]

Die Aufnahme der Mitglieder geschieht durch die örtlichen Gruppen innerhalb einer Landesgesellschaft und wird durch den Vorstand der Allgemeinen Anthroposophischen Gesellschaft bestätigt. Jährlich abzuhaltende Generalversammlungen dienen der menschlichen Begegnung der Mitglieder und können Entscheidungsträger sein, soweit es sich nicht um Angelegenheiten handelt, die der Kompetenz der Hochschule unterliegen (siehe Anhang 3).

Auf der Weihnachtstagung wird ferner eine Sektion für bildende Künste, geleitet durch die englische Bildhauerin EDITH MARYON (1872–1924), die seit 1915 mit Rudolf Steiner an der Holzplastik des Menschheitsrepräsentanten arbeitete, eingerichtet. Wenig später folgt die Einrichtung der Sektion für das Geistesstreben der Jugend, die durch Maria Röschl (vgl. S. 53) geleitet wird. Mit den Sektionen wird den bereits bestehenden und durch kompetente Personen getragenen Aktivitäten eine neue Form gegeben. Damit wird nicht ein abstraktes System von zu besetzenden Fakultäten errichtet, sondern es wird an konkret Vorhandenes angeknüpft. Diese Vorgehensart impliziert, daß je nach Bedürfnis und Vorhandensein von entsprechend qualifizierten Menschen weitere Fach-Sektionen entstehen oder bereits geschaffene ruhen können. Der gesamte Gründungsvorgang verläuft, bis in Stil und Abfassung der Statuten hinein, nicht programmatisch, aber den geistigen, menschlichen und irdischen Gegebenheiten entsprechend. Daran zeigt sich ein wesentliches Charakteristikum anthroposophischen Gestaltens, welches dem Leben entsprechend gebildet, nie abstrakt gesetzt sein will.

Die Neukonstitution der Anthroposophischen Gesellschaft erlaubt, ja fordert die vollständige Veröffentlichung der Zyklen-Nachschriften, die zum größten Teil bis dahin als Privat- oder Manuskriptdrucke allein an Mitglieder abgegeben wurden. Allein ein Vermerk über die geltend gemachten Voraussetzungen zu ihrer Beurteilung und den Zusammenhang mit der Hochschule für Geisteswissenschaft soll den Inhalt vor Mißbrauch schützen.

Jeder sektiererische Geist, alles Geheimhalten selbst esoterischer Inhalte vor der Öffentlichkeit soll als dem anthroposophischen Anliegen fremd und hinderlich aus der Gesellschaft verbannt werden. Erst hier scheint ein grundsätzliches Ende mit dem ‹theosophischen Erbe›, und darüber hinaus mit den Gepflogenheiten der bis dahin das okkulte Wissen hütenden und pflegenden Geheimgesellschaften und -bruderschaften gemacht zu werden.

Der Vorstand der Allgemeinen Anthroposophischen Gesellschaft in Dornach als Mittelpunkt der anthroposophischen Aktivitäten in aller Welt will sich für diese verantwortlich fühlen können und Anregungen zu ihrer Impulsierung geben. Voraussetzung dafür ist eine von Vertrauen getragene Verständigung der Peripherie mit dem Zentrum und umgekehrt. Der Wochenschrift ‹Das Goetheanum› wird seit Januar 1924, um diesen Informationsfluß zu unterstützen, das für Mitglieder bestimmte Mitteilungsblatt ‹Was in der Anthroposophischen Gesellschaft vorgeht› beigegeben. Ferner ernennt Steiner eine Reihe von Persönlichkeiten, die offiziell im Namen der Allgemeinen Anthroposophischen Gesellschaft als ‹Goetheanumredner› vortragen können; für andere zeichnen die jeweiligen Landesgesellschaften, Gruppen, Zweige oder Einzelpersönlichkeiten verantwortlich.

Im Mitteilungsblatt erscheint ab Januar 1924 in Fortsetzungen ein Bericht über die Weihnachtstagung sowie ausführliche Angaben zum Aufbau der Gesellschaft und der Hochschule; fernerhin ‹Anthroposophischen Leitsätze›, die die innere Erkenntnis-Arbeit in den Zweigen und Gruppen konzentrieren und beleben sollen. Sie bilden neben der Hochschule ein weiteres Gegengewicht zu der öffentlichen Struktur der Gesellschaft und der Herausgabe des Schrifttums und dienen ebenfalls der engeren Verbindung der Arbeit an der Peripherie mit jener am Goetheanum.[117]

Steiner beginnt, neben unermüdlicher Vortragstätigkeit, welche die Grundlagen der Anthroposophie vertiefen soll[118], mit der Einrichtung und Durchführung der 1. Klasse der Freien Hochschule. Zur Inaugurierung der weiteren Klassen – für September war der Beginn der 2. Klasse vorgesehen – kommt es infolge Überlastung und folgender Krankheit Steiners nicht.

Die neue Gestaltung der Arbeitsformen, die sich darin kundgibt, «daß das Esoterische unmittelbar durch die Anthroposophische Gesellschaft ströme, und in dem Entgegenbringen der entsprechenden Gesinnung von seiten derjenigen, die Anthroposophen sein wollen»[119], ermöglicht Steiner, eine Intention wiederaufzugreifen, die er bereits im Beginn seiner Tätigkeit in der Theosophischen Gesellschaft hoffte ausführen zu können. Damals hatte er davon Abstand nehmen müssen und bis auf zwei Ausnahmen[120] kam er nicht mehr darauf zurück: das Sprechen über die Gestaltungen des Karma als jenen geistigen Gesetzmäßigkeiten, in die sich die Geschicke des Einzelmenschen, der Menschheit sowie der mit dieser verbundenen Wesen eingebunden finden, welche allein dem zu hoher Qualifizierung entwikkelten Geistesforscher durchsichtig werden. Im Februar 1924 beginnt er bis zum September in mehr als achtzig Vorträgen über Karma-Erkenntnis im allgemeinen und konkrete Ergebnisse der Karma-Forschung vorzutragen. Die Schicksalszusammenhänge der Anthroposophischen Bewegung nehmen in diesen Schilderungen eine hervorragende Stellung ein. Gleichsam vermächtnisartig tritt in den ihm zum Vortragen verbleibenden neun Monaten nach der Weihnachtstagung dieser innigste, ernste Aufruf zur Selbsterkenntnis, der Ursprung sowie die Bestimmung des anthroposophischen Impulses in erschütternder Dichte vor die Mitglieder hin. Die geistigen Hintergründe innergesellschaftlichen Ringens, wie es besonders nach dem Goetheanumbrand überall an die Oberfläche trat, werden angedeutet und zugleich die Erkenntnisgrundlagen für die zukünftigen Aufgaben dargestellt. Diese Aufgaben erscheinen dabei in ihrem Zusammenhang mit dem Weltganzen sowie in ihrer Bedeutung für die Verbindung und Harmonisierung von historisch einander entgegengesetzten Geistesströmungen in deren Vertretern, welche, durch die ihnen gemeinsame Suche nach Anthroposophie innerhalb der Gesellschaft aufeinandertreffen.[121]

In der Zeit bis September 1924 bewältigt Steiner eine Überfülle von Anforderungen neben der Organisation der Gesellschaft und Hochschule: Fachkurse vor Pädagogen, Priestern, Ärzten und Künstlern[122], die Fortsetzung der seit 1922 eingerichteten Vorträge für die Arbeiter am Goetheanumbau[123], dessen neues Modell er ebenfalls entwirft.

Zu Pfingsten findet ein Kursus für Landwirte in Koberwitz, nahe Breslau, statt, in dem – für das damalige Bewußtsein in seiner Tragweite und Dringlichkeit kaum überschaubar – die Grundlagen einer Erde und Kosmos verbindenden Landwirtschaft gegeben werden. Aus diesen hat sich seither die weltweit wachsende Bewegung für biologisch-dynamische Wirtschaftsweise entwickelt.[124]

Im selben Frühjahr wird unweit Jena von FRANZ LÖFFLER (1895–1956), SIEGFRIED PICKERT (*1898) und ALBRECHT STROHSCHEIN (1899–1962) die erste heilpädagogische Einrichtung auf Grundlage des anthroposophischen Menschenverständnisses begründet, zu der er wenig später in Dornach einen heilpädagogischen Kursus als Grundlage für weitere Bestrebungen gibt; aus diesen Anfängen ist ebenfalls eine mit Instituten über die ganze Welt verteilte Bewegung herangewachsen.[125]

Zu all diesen Aktivitäten kommt ein nie abreißender Andrang von Menschen mit persönlichen Fragen und privatesten Ratgesuchen an ihn heran, bis ihn schießlich mit dem Michaelstage des Jahres 1924 die physische Schwäche und Überlastung auf das Krankenlager zwingt.

«Ich möchte nicht, daß meine physische Körperverfassung Gegenstand von allerlei Ideen werde. Es handelt sich darum, daß, während ich den eigentlichen Kurs-Tätigkeiten, die so umfangreich in den letzten Monaten waren, durchaus gewachsen war, ich den Bogen meiner physischen Tätigkeit überspannen mußte durch die übergroßen Forderungen, die neben der Kurstätigkeit aus der Mitgliedschaft kamen . . .»[126]

Selbst vom Krankenlager aus bleibt seine bis in alle Einzelheiten durchdringende, von Sachkenntnis und freilassender Menschlichkeit gezeichnete Führungskraft wirksam, aus der Gewißheit, bald wieder ganz erkraftet für die Weiterführung des Begonnenen eintreten zu können.

Am 8. 2. 1925 wird die Allgemeine Anthroposophische Gesellschaft in das Handelsregister eingetragen, zu welchem Zweck die Vereinsstatuten des bereits behördlich registrierten ‹Verein des Goetheanum›, der für den Bau zuständig ist, erweitert werden. Ihr werden eingegliedert der Philosophisch-Anthroposophische Verlag, das Klinisch-Therapeutische Institut, Arlesheim (bis 1931), und die Administration des Goetheanumbaues; die auf der Weihnachtstagung angelegten Statuten werden fortan als *Prinzipien* bezeichnet.[127] (Siehe Anhang 4)

In der ganzen Gesellschaft herrscht euphorische Aufbaustimmung, durchpulst und belebt von dem Wirken des Dornacher Vorstandes und Rudolf Steiners, dessen überragender Persönlichkeit es stets aufs neue möglich scheint, aus karmischen Bedingungen einander entgegengesetzte Richtungen in der Arbeit zusammenzuführen sowie aus menschlich-allzumenschlichen Gründen entstehende Konflikte zu korrigieren.

Als er am 30. 3. 1925 in seinem Atelier in Dornach, in welchem sich sein Krankenlager befindet, stirbt, muß die mit der Weihnachtstagung begonnene, durch ihn impulsierte Neukonstitution der Anthroposophischen Gesellschaft unvollendet bleiben, wenn auch der verbleibende Vorstand weiterhin darum ringen wird, das Intendierte fortzuführen, ohne einen gleichartigen Zugang zu den lebendigen Quellen, aus denen Rudolf Steiner schöpfte, zu haben. Für die Führung der Hochschule ist kein Nachfolger von ihm genannt, und ihre Errichtung bleibt bis auf den heutigen Tag Fragment der groß angelegten Konzeption einer christlichen Mysterienstätte des zwanzigsten Jahrhunderts.[128]

VII
Von Rudolf Steiners Tod bis 1935

Der Tod Rudolf Steiners mitten in der entscheidenden Anfangsphase der Bildung einer ganz der freien, schöpferischen und geistsuchenden Individualität angemessenen Gemeinschafts- und Gesellschaftsform, stellt die führenden Mitarbeiter an diesem Werk vor kaum zu bewältigende Schwierigkeiten.[129] Der weitere Verlauf der Geschichte der Allgemeinen Anthroposophischen Gesellschaft ist ein Abbild des Ringens um Verständnis und Durchführung des Angelegten, bei welchem die Gegenbilder des Gesuchten[130] oft deutlicher in den Vordergrund zu treten scheinen als dessen Verwirklichung.

Die allein durch die sie aufnehmenden Menschen lebendige Anthroposophie hängt in ihrer irdischen Entfaltung und Fruchtbarkeit entschieden von dem Mit- und Zueinander dieser Menschen ab. Und obschon sich alle Verantwortung tragenden Mitglieder in ihrer restlosen Hingabe an diese Aufgabe einig sind, treten die ihnen jeweils verstehbaren, erfahrbaren und durchführbaren Teil-Aspekte dieses umfassenden Wesens Anthroposophia durch ihre persönliche Wesensartung bedingt auseinander und richten sich durch den Absolutheitsanspruch ihrer Vertreter oder deren Anhänger gegeneinander.

Es lassen sich im Laufe der weiteren Geschichte verschiedene Strömungen erkennen, die ihre Exponenten in dem aus wesensmäßig grundverschiedenen Persönlichkeiten gebildeten Dornacher Vorstand finden, durch welche sich jeweils eine mehr oder weniger zahlreiche Mitgliedergruppe repräsentiert sieht. So vielversprechend ihr Zusammenwirken ist, so verhängnisvoll wird ihre Disharmonie.

Zurückblickend auf die Aufgaben des Vorstandes der Allgemeinen Anthroposophischen Gesellschaft bemerkt Marie Steiner-von Sivers 1944: «Die tiefste Esoterik könnte darin bestehen, bisher divergierende geistige Strömungen in einigen ihrer Repräsentanten jetzt zum harmonischen Ausgleich zu bringen. Das wäre eine esoterische Aufgabe gewesen, die im Zusammenwirken mit Dr. Steiner durch seine überragende Einsicht, Kraft und Liebesfähigkeit hätte gelöst werden können . . .»[131]

Nahezu grundsätzlich brechen die auftauchenden Differenzen und Unvereinbarkeiten im Vorstand oder unter den führenden Gesellschaftsfunktionären auf und durchziehen in der Folge die Mitgliedschaft; dort verschärfen, verfestigen sie sich zu unauflösbaren, gar dogmatischen Positionen. Das Sich-verbunden-Fühlen mit einer führenden Persönlichkeit ist oft ausschlaggebender für die eigene Haltung als die Gegensätze überwindende Wirksamkeit für die Anthroposophie.

Die Verbreitung der anthroposophischen Erkenntnismethode in der Welt sowie die Zivilisationswirksamkeit der auf ihrer Grundlage arbeitenden Einrichtungen wird nicht zuletzt durch die folgenden Vorgänge innerhalb der Anthroposophischen Gesellschaft erschwert. Die Beschäftigung mit diesen Vorgängen kann aber zu einem differenzierteren, aus der Leidensgeschichte der Gesellschaft ablesbaren Schicksalsverständnis führen.

Schon in den Beratungen des Dornacher Vorstandes unmittelbar nach Steiners Tod treffen zwei voneinander abweichende Auffassungen, die weitere Gesellschafts- und Hochschulführung betreffend, aufeinander. Für Marie Steiner-von Sivers scheint es eindeutig, daß nach dem Tod des Geisteslehrers der Vorstand nicht mehr in dem Sinne wie vordem als ein esoterischer bezeichnet werden kann und in der Folge so umgebildet werden sollte, daß er seinen Aufgaben in Leitung und Verwaltung der Allgemeinen Anthroposophischen Gesellschaft, sowie in der Anregung zur ernsthaften Erarbeitung und Überlieferung der Anthroposophie Bestes zu leisten vermag; sie selbst will sich aus der Gesellschaftsführung zurückziehen, um sich ganz der Herausgabe des umfangreichen literarischen Nachlasses Steiners und der Arbeit in der Sektion für redende und musische Künste widmen zu können.[132]

Demgegenüber macht Ita Wegman die spirituelle Bedeutung der von Steiner gebildeten Zusammensetzung des Vorstandes geltend; sie will in der weiteren Arbeit, die mutig das Begonnene forsetzen soll, davon ausgehen, daß Rudolf Steiner und mit ihm die Impulse der geistigen Welt in den weiterbestehenden Vorstand unmittelbar und bestimmend hineinwirken können. Die somit gewahrte esoterische Qualität des Vorstandes und der Gesellschaft müsse unter allen Umständen erhalten werden, um Tiefe und gleichzeitig weltweites Hinauswirken der anthroposophischen Arbeit in die Zivilisation zu gewährleisten.[133]

Es treten hervor eine mehr den Erkenntnischarakter, das rational getönte Element betonende sowie eine vorwiegend den esoterischen Gehalt und den Offenbarungscharakter pflegende Richtung. Beide durchziehen, zutiefst verbunden und doch streng differenziert das Werk Steiners, das anthroposophische Wesen ausmachend.[134] Die Auseinandersetzung dieser zwei Strebens-Richtungen, deren eine zur skeptischen Zurückhaltung neigt in Betonung der Selbsterziehung, während die andere, leicht der Illusion ausgesetzt, stets zur wandelnden Tat in der Öffentlichkeit bereit ist, bildet im wesentlichen den Grund zu dem ersten, die Gesellschaft spaltenden Konflikt.

Während Elisabeth Vreede, im Vorstand vielleicht am deutlichsten das intellektuell-wissenschaftliche Element repräsentierend, eher zu Ita Wegmans Haltung hinneigt, bleibt der junge Guenther Wachsmuth zurückhaltend. Albert Steffen versucht zunächst, die Positionen zu vermitteln, was ihm aufgrund seiner empfindsamen, Innigkeit atmenden Seelenkonfiguration nicht leicht wird. Die tief-sensible, geist-getragene Menschenerkenntnis, wie sie in seiner Dichtung zum Ausdruck kommt, scheint ihm eine Gegensätze überschauende, weltoffene Verbindlichkeit nicht sogleich zu ermöglichen.

Erschwerend wirkt die schon vor 1925 vorhandene menschliche Fremde zwischen der aus aristokratisch geformten Verhältnissen stammenden, hoch begabten und strengen, um Objektivität in der Kunst ringenden Marie Steiner-von Sivers, die am Ausgangspunkt der anthroposophischen Bewegung steht, und der um neun Jahre jüngeren, in kolonialer Großzügigkeit aufgewachsenen, hoheitsvoll-weltoffenen Ärztin, die erst wenige Jahre vor Steiners Tod zu einer so bedeutungsvollen Mitarbeiterin an seiner Seite heranreift. Der durchseelten Weitherzigkeit Ita Wegmans ist es Selbstverständlichkeit, der nach praktisch-lebensvoller Anthroposophie fragenden jüngeren Generation das Gesuchte darzuleben, während Marie Steiner-von Sivers, in ihrer würdevollen, durch Arbeit an sich selbst bestimmten Art, besonders von den älteren Mitgliedern als Garant für eine disziplinierte Kontinuität geschätzt wird.

Diese durch persönliche Vorzeichen mitbestimmte Spannung erfährt ihre erste heftige Entladung unmittelbar nach der Kremation des Verstorbenen; ein Mißverständnis über den Bestimmungsort der Urne lag ihr zugrunde. Das Vertrauensverhältnis zwischen den beiden Vorstandsmitgliedern wird durch diesen Vorfall nachhaltig gestört, Steffen erleidet einen Schwächeanfall.[135]

Wenn auch am 3. Mai 1925 im Nachrichtenblatt die Notiz erscheint: «Die Leitung der Anthroposophischen Gesellschaft wird in dem gleichen Sinne weitergeführt, wie Rudolf Steiner es in der Weihnachtstagung angegeben hat»[136], ist ein Bruch innerhalb des Vorstandes bereits in diesem Jahre unübersehbar.

Zum gravierenden Problem wird die Frage der Fortführung der Freien Hochschule für Geisteswissenschaft, der Kompetenz für die Esoterik. Ita Wegman sieht es als Aufgabe des Vorstandes, die von Steiner gehaltenen Stunden für die Mitglieder der 1. Klasse der Hochschule aufgrund von Aufzeichnungen zu wiederholen. Sie hält sich dafür in erster Linie berufen, wenngleich sie ein solches auch von Marie Steiner-von Sivers und Albert Steffen erwartet, die diese Auffassung nicht sogleich teilen und eine bevorzugte Stellung Ita Wegmans in der Hochschulführung, gar eine Nachfolge Rudolf Steiners in keiner Weise anerkennen können. Letzteres wird von ihr nicht in dieser Form verlangt, wohl aber von ihr Nahestehenden. Auch ihr Versuch, die von Steiner im Mitteilungsblatt gegebenen Anthroposophischen Leitsätze, die einer Vertiefung der Arbeit in den Zweigen und Gruppen dient, weiterzuführen, stößt auf vehementen Widerstand in Teilen der Mitgliedschaft.[137]

Unterstützt werden die Intentionen und Auffassungen Ita Wegmans vorzüglich durch die Vorstandsmitglieder der deutschen Anthroposophischen Gesellschaft Eugen Kolisko und Walter Johannes Stein, durch den Generalsekretär der holländischen Landesgesellschaft F. W. ZEYLMANS VAN EMMICHOVEN (1893–1961)[138] sowie durch führende Mitglieder der englischen Anthroposophischen Gesellschaft.[139] Sie verbindet das Bestreben, den inneren, spirituellen Aspekt der Weihnachtstagung stark zu betonen und gleichzeitig voller Initiativkraft in die Gegenwartskultur gestaltend und verändernd hineinzuwirken. Kolisko und Zeylmans sind zudem als Ärzte mit der medizinischen Sektion eng verknüpft.

Später, als sich die innergesellschaftlichen Konflikte zuspitzen, wird diese Gruppierung, der auch Elisabeth Vreede nahesteht, von der entgegengesetzten führenden Mitgliedschaft als ‹Übervorstand› bezeichnet, dem Machtansprüche, gar okkulte Hegemonieabsichten sowie fahrlässiger Umgang mit Inkarnationsgeheimnissen und Esoterik vorgeworfen werden.[140]

Bis zum Anfang des Jahres 1926 verlaufen alle Vorstandsschwierigkeiten noch derart, daß in der weiteren Mitgliedschaft ein Vertrauen in die Gesellschaftsleitung vorhanden bleiben kann, wenn auch in den Vorständen der Landesgesellschaften den Formulierungen der Vertrauenserklärung an den Dornacher Vorstand oft ein langes Ringen vorangeht.[141]

Lange allerdings kann die Regelung, den Vorstand so zu belassen, als sei Rudolf Steiner noch immer der 1. Vorsitzende, allein aus rechtlich-administrativen Gründen nicht beibehalten werden.[142] So wird nach Vorbesprechungen der Generalsekretäre und Landesvorstände, nachdem Marie Steiner-von Sivers abgelehnt hatte, Albert Steffen als 1. Vorsitzender vorgeschlagen und am 29. 12. 1925 von einer Mitgliederversammlung in Dornach gewählt. Die Stelle des 2. Vorsitzenden bleibt offen und auch die Frage der Hochschulführung ist damit nicht entschieden; alle Beteiligten sind sich darin einig, daß niemand eine ausreichende Qualifizierung besitzt, das Intendierte zu vervollständigen, d. h. die 2. und 3. Klasse der Freien Hochschule zu begründen.

Anfang 1926 wird der zunehmende Vertrauensverlust zwischen Marie Steiner-von Sivers und nun auch Albert Steffen einerseits und Ita Wegman und Elisabeth Vreede andererseits, ja die Scheidung in zwei Lager mit grundsätzlich verschiedenen Initiativ-Richtungen offensichtlich.

Den Anlaß dazu bietet die besonders von Zeylmans ausgehende Initiative, einen Weltschulverein zu begründen. Er greift damit eine Anregung Steiners aus dem Jahre 1921 auf, nach der von Holland aus eine die anthroposophisch-pädagogischen Unternehmungen zusammenfassende Organisation gebildet werden sollte, um die Verbreitung und wirtschaftlich-finanzielle Fundierung der Schul-Projekte zu verbessern. Nachdem es zu Besprechungen über dieses Vorhaben in Dornach und mit dem in dieser Angelegenheit nicht einmütigen Stuttgarter Waldorfschulkollegium kommt, in denen noch keine befriedigenden Ergebnisse erzielt werden können, taucht Ende Januar das Mißverständnis auf, dieser Weltschulverein sei mit Beteiligung von Elisabeth Vreede und unter Kenntnisnahme von Ita Wegman, aber ohne Wissen und Rücksprache mit Albert Steffen (und Marie Steiner-von Sivers) bereits begründet worden, woraufhin sich dieser als 1. Vorsitzender in einer für die anthroposophische Sache bedeutsamen Angelegenheit bewußt übergangen fühlt. Als Reaktion wendet er sich direkt an eine Mitgliederversammlung und ruft die ‹Rudolf-Steiner-Vereinigung› ins Leben, die zwar innerhalb der Allgemeinen Anthroposophischen Gesellschaft, aber unabhängig von den Hochschul-Sektionen für die Verbreitung und Vertretung des Werkes Rudolf Steiners in der Außenwelt arbeiten soll. Er sieht eine solche Vertretung durch die Allgemeine Anthroposophische Gesellschaft allein nicht mehr als gewährleistet an; Marie Steiner-von Sivers übernimmt das Protektorat für diese Vereinigung.[143]

Es entsteht eine Spaltung, die bald die ganze Gesellschaft teilt und in der Mitgliederversammlung vom 6./7. Februar 1926[144] ihren ersten Niederschlag findet, obschon weder Weltschulverein noch ‹Rudolf Steiner Vereinigung› zur Wirksamkeit kommen. Anläßlich dieser Mitgliederversammlung ergibt sich eine Zusammenkunft der 1. Klasse der Hochschule, und klärende Gespräche über die Leitung und Fortführung derselben werden geführt. Sie führen zu dem Ergebnis, daß in Zukunft der Vorstand der Allgemeinen Anthroposophischen Gesellschaft und von ihm damit betraute Persönlichkeiten die Klassenstunden lesen bzw. weiterhin frei halten sollen.

Erst in diesem Zusammenhang wird Rudolf Steiners Testament, in dem er Marie Steiner-von Sivers als alleinige Erbin seines künstlerischen und literarischen Nachlasses eingesetzt hatte, zur Kenntnis der Gesellschaft gebracht. Dieses Testament führt im weiteren Verlauf zu heftigen Auseinandersetzungen, da Walter Johannes Stein die Ansicht vertritt, dieses von 1915 datierende Testament sei durch die Weihnachtstagung hinfällig geworden und der Nachlaß gehöre in seinem ganzen Umfang in die Verwaltung der Gesellschaft. Zu einem den gesamten weiteren Geschichtsverlauf der Allgemeinen Anthroposophischen Gesellschaft bis in die heutigen Tage hinein beeinflussenden Motiv wird die Nachlaßfrage allerdings erst in einer späteren Periode, da der Dornacher Vorstand und besonders Albert Steffen, es zu diesem Zeitpunkt noch für völlig abwegig halten, das Testament Rudolf Steiners in Frage zu stellen.[145]

Trotz der Spannungen in der Gesellschaft kann die öffentliche Wirksamkeit, wenn nicht verstärkt, so doch fortgeführt werden. Es finden an verschiedenen Orten anthroposophische Hochschulkurse statt, Theater- und Eurythmieaufführungen, in Dornach inszeniert, gehen auf Tournee durch viele Länder und Städte. Krankenhäuser, Schulen sowie heilpädagogische Einrichtungen werden gegründet, ebenso Ausbildungsstätten für die verschiedenen durch Anthroposophie befruchteten Künste. Daneben geht die Arbeit in den Sektionen, den sich vermehrenden Fachgruppen und Zweigen kontinuierlich fort, Seminare und Tagungen werden für eine wachsende Mitgliederzahl gehalten. Große Anstrengungen – und besonders auf diesem Gebiet entfaltet Guenther Wachsmuth seine Fähigkeiten – gelten dem Wiederaufbau des von Steiner entworfenen zweiten Goetheanums, zu dem, vor allem in finanzieller Hinsicht, der Einsatz der ganzen Mitgliedschaft erforderlich ist. Bis zur Fertigstellung finden alle größeren Dornacher Versammlungen – wie auch die Weihnachtstagung 1923/24 – in der neben der Baustelle befindlichen Schreinerei statt.

Im Sommer 1928, unmittelbar vor der im September geplanten Eröffnung des Goetheanums, wird in London, von der englischen Anthroposophischen Gesellschaft organisiert, eine großangelegte Weltkonferenz veranstaltet, auf der ein umfassendes Bild der zahlreichen anthroposophischen Tätigkeiten gegeben wird.

Die Michaeli-Tagung zur Eröffnung des Goetheanum – im Gegensatz zur Eröffnung des ersten Goetheanum nur für Mitglieder zugänglich –, zu der Redner aus allen Gesellschaftskreisen vortragen, Mysterienspiele, Chöre und Eurythmieaufführungen vor etwa zweitausendsechshundert Menschen gegeben werden, wird ein die gesamte Gesellschaft verbindendes Ereignis.

Die im Sommer und Herbst 1930 in Holland und Stuttgart – zum Thema Reinkarnation – stattfindenden Tagungen, die einen großen öffentlichen Erfolg darstellen, sind zunächst die letzten bedeutenden Veranstaltungen, an denen Vortragende und Mitarbeiter aus allen Kreisen der Allgemeinen Anthroposophischen Gesellschaft beteiligt sind.

Die öffentlichen Tagungen zu den Jahresfesten am Goetheanum haben seit 1926/27 stets Uneinigkeiten zum Vorspiel, hauptsächlich zwischen Albert Steffen, der diese initiativ gestalten möchte, und Elisabeth Vreede, die sich und damit einen ganzen Mitgliederkreis von der Vorbereitung ausgeschlossen fühlt.[146] Ita Wegman, nicht zur Rede vor großem Publikum begabt und in der Tätigkeit ihrer Sektion sowie in der Förderung der weltweiten medizinisch-heilpädagogischen Bemühungen, die ihr Zentrum bereits eher in der Arlesheimer Klinik als im Goetheanum sehen, engagiert, bleibt bei diesen nervenaufreibenden Differenzen im Hintergrund, während Marie Steiner-von Sivers den dramatisch-eurythmisch-rezitatorischen Teil souverän gestaltet und sich mehr und mehr von der unmittelbaren Gesellschaftsführung zurückhält.

Nachdem Zusammenwirken und Übereinstimmung der führenden Kräfte innerhalb der Allgemeinen Anthroposophischen Gesellschaft zunehmend verloren gehen, wird während der jährlichen Generalversammlungen, die einen jeweils wechselnden Ausschnitt der internationalen Mitgliedschaft am Goetheanum versammeln, das demokratische Abstimmungsverfahren zum alleinigen Prinzip der Entscheidungsfindung in den an Niveau verlierenden, ins zu persönliche abgleitenden und immer heftiger aufeinanderprallenden Auseinandersetzungen. Regelmäßige Sitzungen aller Vorstandsmitglieder kommen kaum noch zustande. ‹Der Gesellschaftswille› spricht sich, in Ermangelung einer sich verständigenden, initiativen Leitung, durch die Mehrheitsbeschlüsse der Generalversammlung aus.[147] Nur dadurch ist es zu verstehen, daß es im Jahre 1930 zu dem von skandinavischen Mitgliedern vorgetragenen und von weiten Teilen der Mitgliedschaft gestützten Antrag (der sogenannte ‹Nordische Antrag›) kommt, allein Albert Steffen mit der Führung der Allgemeinen Anthroposophischen Gesellschaft zu betrauen, um einen entschiedenen Duktus der Leitung zu erzielen. – Daß in diesem Antrag der Ausdruck ‹Diktator› verwendet wird, hat in Anbetracht der sich wenig später vollziehenden weltgeschichtlich-politischen Entwicklungen einen tief bestürzenden Klang.[148]

Wenn Steffen auch jenen Antrag als im Gegensatz zu den Freiheitsprinzipien der Gesellschaftsstruktur und den Intentionen der Weihnachtstagung befindlich ablehnt, wird darin eine sich verstärkende Tendenz der damaligen Mehrheit der Mitglieder deutlich – d. h. aber nicht der Mehrheit der offiziellen Gesellschaftsfunktionäre –, Albert Steffen nicht nur Achtung, sondern bedingungslose Verehrung entgegenzubringen; eine Verehrung, die seiner dichterischen Schaffenskraft sicherlich gebührt, dem 1. Vorsitzenden der Anthroposophischen Gesellschaft gegenüber aber unangemessen scheint. In der Folge schwindet für Ita Wegman und Elisabeth Vreede die Möglichkeit, auf die Leitung der Gesellschaft gestaltenden Einfluß zu nehmen, wenn auch nicht gesagt werden kann, daß Steffen gezielt auf eine persönliche Machtentfaltung hinarbeitet, sondern es ihm zutiefst angelegen ist – eben nach den ihm eignenden Möglichkeiten –, dem Fortgang des Weihnachtstagungs-Impulses zu dienen.

Im Zuge der Ereignisse der Jahre 1929/1930, die in der deutschen, mit über achttausend Mitgliedern stärksten Landesgesellschaft der inzwischen auf ca. siebzehntausend Mitglieder angewachsenen Allgemeinen Anthroposophischen Gesellschaft tiefe Spaltungen erzeugen, löst sich diese auf. Um eine neue deutsche Landesgesellschaft zu formieren, wird von der Generalversammlung ein den Auffassungen Albert Steffens und Marie Steiner-von Sivers' nahestehender Initiativkreis bestellt.[149] Neben diesem – vom Goetheanum nicht anerkannt, von I. Wegman und E. Vreede unterstützt – bestehen in Deutschland ‹Anthroposophische Arbeitsgemeinschaften›[150], die durch einen Teil der demissionierten deutschen Vorstandsmitglieder (besonders Eugen Kolisko und Jürgen von Grone) verantwortet werden.

Der Austritt Carl Ungers aus der deutschen Landesgesellschaft und sein kurz darauf folgender Tod im Januar 1929 sowie der zur selben Zeit durch die Testamentsfrage bedingte Rücktritt Walter Johannes Steins aus dem Vorstand gehen dieser Entwicklung voran. Das Verbot der Anthroposophischen Gesellschaft durch die Nationalsozialisten im Jahr 1935 macht die weitere Arbeit in Deutschland unmöglich, wenn auch die durch Anthroposophie impulsierten Aktivitäten auf den verschiedenen kulturellen Gebieten – vor allem die Schulen und die Gemeinden der Bewegung für religiöse Erneuerung – erst Ende der dreißiger, Anfang der vierziger Jahre ihre Tätigkeit gänzlich aufgeben müssen; viele führende Mitglieder emigrieren, das Schrifttum wird beschlagnahmt.

Ab 1934 findet in der holländischen und englischen Landesgesellschaft ebenfalls eine bis ins organisatorische gehende Spaltung statt, wenn diese sich auch zum weit überwiegenden Teil der durch Ita Wegmann und Elisabeth Vreede repräsentierten Arbeit verbunden wissen.

1931/32 entsteht durch verschiedene Ausführungen Albert Steffens, die von ihm zur Besinnung auf die verbindenden, wesentlichen Grundlagen der wissenschaftlich-anthroposophischen Arbeit gemeint sind[151], die Unterscheidung zwischen der richtigen und der falschen Methode, Anthroposophie zu erarbeiten und zu vertreten. Diese Unterscheidung verschärft die Spaltung in der Mitgliedschaft, weil allein der das Goetheanum repräsentierende Vorstandsteil – Steffen, Steiner-von Sivers, Wachsmuth – die Vertretung der ‹*richtigen* Anthroposophie›[152] für sich glaubt in Anspruch nehmen zu dürfen.

Die Generalversammlung des Jahres 1934 führt zu dem Mehrheitsbeschluß – nachdem Steffen drohte, den 1. Vorsitz niederzulegen – zukünftig diesen, Marie Steiner-von Sivers und Guenther Wachsmuth als in ihren Beschlüssen und Anregungen für die Gesellschaftsführung allein maßgebend anzusehen. Darüber hinaus sollen die im Handelsregister eingetragenen Statuten, die ausschließlich für den Umgang mit Behörden bestimmt waren, dahingehend geändert werden, daß allein der Vorsitzende der Allgemeinen Anthroposophischen Gesellschaft die für die Mitgliederaufnahme und Rechtsverbindlichkeit relevante Unterschrift zu führen hat.[153] (siehe Anhang 4)

Als Antwort findet in Stuttgart unter aktiver Beteiligung Elisabeth Vreedes die Gründung der ‹Vereinigten Freien Anthroposophischen Gruppen› statt, die jenen Mitgliederteil umfaßt, der mit den Beschlüssen der Generalversammlung nicht einverstanden sein kann und weiterhin die Zusammenarbeit des fünfköpfigen Vorstandes der Allgemeinen Anthroposophischen Gesellschaft fordert. Die ‹Vereinigten Freien Anthroposophischen Gruppen› stellen einen Zusammenschluß der Anthroposophischen Gesellschaft Englands, der holländischen Landesgesellschaft, der deutschen Anthroposophischen Arbeitsgemeinschaften und großer Teile der 1931 aufgelösten ‹Freien Anthroposophischen Gesellschaft› dar. Wenn auch eigene Mitgliedskarten ausgegeben werden, behält die Struktur dieser Vereinigung bewußt provisorischen Charakter. Von der Goetheanumleitung wird diese Handlung als ein Selbstausschluß der Verantwortlichen aus der Allgemeinen Anthroposophischen Gesellschaft angesehen.[154]

Da die seit 1925 entstandenen Gesellschaftskonflikte, die im wesentlichen auf die eingangs genannten Differenzierungen zurückzuführen sind, trotz vieler Bemühungen nicht zu einer Klärung, geschweige denn zu einer Lösung gebracht werden können, sondern im Gegenteil zu einer fortschreitenden Zersplitterung der Allgemeinen Anthroposophischen Gesellschaft führen, wird versucht, ihnen auf der am 14. April 1935 stattfindenden Generalversammlung durch Ausschluß der Repräsentanten einer Strömung ein Ende zu setzen; dieses vorbereitend wird von einem Arbeitskreis am Goetheanum für die Mitgliedschaft eine scharf einseitige Schilderung der Ereignisse 1925 – 1935 herausgegeben, die folgende Anträge zur Generalversammlung zu rechtfertigen versucht:[155]

«Antrag I: . . . Die beiden Vorstandsmitglieder Frau Dr. Ita Wegman und Frl. Dr. Elisabeth Vreede, welche ihre Mißachtung des Gesellschaftswillens durch Handlungen zum Ausdruck gebracht haben, die den Charakter des Selbstausschlusses tragen, werden nicht mehr als Vorstandsmitglieder anerkannt . . . Eine weitere Tätigkeit der beiden genannten Persönlichkeiten im Namen der Allgemeinen Anthroposophischen Gesellschaft erscheint der Generalversammlung unmöglich.

Antrag II: . . . Die Gründer und Vertreter der sogenannten ‹Vereinigten Freien Anthroposophischen Gruppen›, die Herren D. N. Dunlop, George Kaufmann, Dr. F. W. Zeylmans, P. J. de Haan, Jürgen von Grone, Dr. E. Kolisko, haben aufgehört, Mitglieder der Allgemeinen Anthroposophischen Gesellschaft zu sein.

Antrag III: Die Generalversammlung bittet den Vorstand, Landesgesellschaften und Gruppen, die sich zu den sogenannten Vereinigten Freien Anthroposophischen Gruppen zusammengeschlossen haben, nicht mehr als Teile der Allgemeinen Anthroposophischen Gesellschaft anzuerkennen, ohne dadurch den einzelnen Angehörigen einer solchen Gruppe die Mitgliedschaft zu entziehen.»

Ferner ein Antrag auf Statutenänderung, – wieder handelt es sich um die Handelsregister-Statuten, nicht um die ‹Prinzipien›, aufgrund welcher die Modalitäten innerhalb der Allgemeinen Anthroposophischen Gesellschaft sich ordnen sollen – die dem 1. Vorsitzenden umfassendere Rechte in der Gesellschaftsführung einräumen soll.[156] (Siehe Anhang 4)

Albert Steffen bemerkt dazu in seiner Eröffnungsrede der Generalversammlung, die Unvereinbarkeit der verschiedenen Willensrichtungen damit fixierend:

«Entweder betrachten Sie mich ausgeschlossen als Vorsitzenden, oder Sie betrachten eben dasjenige, was damals geschehen ist (gemeint ist die Gründung der ‹Vereinigten Freien Anthroposophischen Gruppen›) als einen Selbstausschluß jener Persönlichkeiten.»[157]

Obwohl die Vertreter der ‹angeklagten› Gruppen mit wenigen Ausnahmen nicht mehr zur Generalversammlung erscheinen, kommt es zu Diskussionen; die entstandene Lage und die von Steffen gestellte Alternative aber lassen keinen Raum mehr zur Verständigung oder zur Umwendung.

Im Mitteilungsblatt vom 28. 4. 1935 findet sich die «vorläufige Mitteilung: Die ordentliche Generalversammlung der Allgemeinen Anthroposophischen Gesellschaft vom 14. April 1935 hat über die . . Anträge wie folgt abgestimmt:

Anträge I, II, III:	1691	Ja
	76	Nein
	53	Stimmenthaltungen.
Statutenändernder Antrag:	1692	Ja
	34	Nein
	53	Stimmenthaltungen.»[158]

VIII
1935 – 1948

Den verschiedenen Willensrichtungen, die sich bis 1935 innerhalb des Vorstandes und unter den leitenden Persönlichkeiten der Allgemeinen Anthroposophischen Gesellschaft – divergierende Mitgliedergruppierungen und verschiedene Aspekte der Anthroposophie repräsentierend - herauskristallisiert und einander entgegengesetzt haben, erwies sich eine weitere Zusammenarbeit in ihren Vertretern als unmöglich.[159] Nach dem Ausschluß der in der zahlenmäßigen Minderheit sich Befindenden arbeiten diese mit ebenso großem Enthusiasmus fort, obschon darunter leidend, ihre Wirksamkeit nicht im Rahmen der Allgemeinen Anthroposophischen Gesellschaft entfalten zu können. Der Natur ihrer vorwiegenden Aktivitätsfelder entsprechend entfaltet sich ihre Arbeit vorzüglich in der medizinischen und heilpädagogischen Bewegung, deren Ausbreitung kräftig voranschreitet, nicht weniger aber in der Erarbeitung der anthroposophischen Grundlagen, wobei das esoterische Gut und die neue Beziehungsmöglichkeit zum Christentum eine bedeutende Rolle spielen.

Die Majorität der Mitglieder der Allgemeinen Anthroposophischen Gesellschaft – allerdings, wie bemerkt, nicht die der englischen und holländischen Landesgesellschaft – erachtet die verbleibenden drei Mitglieder des Vorstandes in Dornach als die berechtigten Vertreter der Weihnachtstagungsimpulse. In den folgenden Jahren bildet das Goetheanum unzweifelhaft das Zentrum der Gesellschaft und findet überdies – vornehmlich durch das aus den Fähigkeiten Marie Steiner-von Sivers' und Albert

Steffens erblühende künstlerisch-dramatische Leben – eine gewisse Beachtung in der Weltöffentlichkeit. Neben kleineren Stücken, Konzerten und Eurythmieaufführungen werden die Mysteriendramen Steiners, Dramen Goethes und Schillers sowie die dramatischen Dichtungen Steffens durch die von Marie Steiner-von Sivers geleitete Sektion für redende und musische Künste inszeniert; 1938 findet die Welturaufführung von Goethes Faust in *beiden* Teilen statt. Die von diesen Aufführungen begleiteten Tagungen geben umfassende Gelegenheit, der Anthroposophie in lebendiger Weise zu begegnen.[160]

Die Hitler-Herrschaft und der 2. Weltkrieg zwingen die anthroposophische Arbeit in enge Grenzen. Die Isolation der Schweiz führt das Goetheanum vor die wirtschaftliche Existenzfrage, der 1942 hervortretende Vertrauensschwund zwischen Marie Steiner-von Sivers und Albert Steffen zu ausweglos erscheinenden Schwierigkeiten. Es kommt zu einer nochmaligen, in ihren Gründen persönlicher tingierten und darum schwieriger zu durchschauenden, in ihren Verwicklungen bis ins Juristische hineinführenden Spaltung jener Gesellschaft, die sozialer Ausdruck der sich in der Erdenwirksamkeit darstellenden Anthroposophie sein will. 1948, kurz vor dem Tode Marie Steiner-von Sivers', scheinen sich Wege zu ihrer positiven Überwindung abzuzeichnen; auch die 1935 getroffenen, schwerwiegenden Entscheidungen werden als Fehler erkannt und die Ausgeschlossenen aufgefordert, sich wieder der Allgemeinen Anthroposophischen Gesellschaft anzuschließen – Ita Wegman, Elisabeth Vreede und andere sind bereits verstorben.

Aus der neuen Situation nach 1935 entwickelt sich eine konsolidierte Arbeit in Dornach, die ihren Schwerpunkt im Künstlerischen hat: Albert Steffen als Dichter und Marie Steiner-von Sivers in unermüdlicher Tätigkeit für Schauspielkunst, Eurythmie und Rezitation, sowie für die sachgemäße Herausgabe des literarischen Werkes Rudolf Steiners, ihnen zur Seite Guenther Wachsmuth, der neben seiner naturwissenschaftlichen Tätigkeit die wirtschaftlich-finanzielle Situation am Goetheanum umsichtig und geschickt zu führen weiß, bilden ein differenziertes, sich ergänzendes ‹Triumvirat›. Die Hochschulleitung wird von diesem Vorstand und außerhalb Dornachs durch von ihnen bestimmte Klassenleser getragen; in den ausgeschlossenen Kreisen wird das von Rudolf Steiner in der 1. Klasse gegebene Geistesgut ebenfalls gepflegt.

Ein sich um das Goetheanum bildender Arbeits- oder Mitarbeiterkreis bemüht sich vordringlich um die wissenschaftlich-anthroposophische Arbeit, trägt im wesentlichen – ständig durch wechselnde auswärtige Persönlichkeiten unterstützt – die bei den Tagungen zu den Jahresfesten gebotenen Vortragsveranstaltungen; dieser Kreis steht in besonderer Nähe zu Albert Steffen und Guenther Wachsmuth. Diesem Mitarbeiterkreis und Guenther Wachsmuth kommt ein sich langsam erweiternder Einfluß auf die Gesellschaftsführung zu, bedingt durch den Albert Steffen für sein künstlerisches Schaffen nötigen und seiner Natur entsprechenden Zug zur Zurückgezogenheit. Dennoch kann dem Vorsitzenden, der die Mitglieder unablässig zur selbständigen Geistes-Schulung – deren Früchte in das Sozialleben hineinfließen und so einen wesentlichen Sinn des mit der Weihnachtstagung Intendierten erfüllen können – aufruft, nicht eine Vernachlässigung seiner Aufgaben unterstellt werden. Seine Dichtung selbst ist eine kraftvoll-innige Anregung, eigenständig das durch Anthroposophie Erreichbare anzustreben.

Mit der Schließung der Schweizer Grenzen im Jahr 1939 wird die Arbeit am Goetheanum von dem sie erweiternden und belebenden Kontakt mit den aus aller Welt kommenden Teilnehmern und Mit-Verantwortlichen abgeschnitten[161]; Dornach und die umgebenden Schweizer Zweige geraten in eine inselgleiche Situation mit all ihren aus der Enge entspringenden Eigenschaften. Zurückschauend auf die Ursachen der sich im folgenden entwickelnden Konflikte bemerkt Marie Steiner-von Sivers: «Die Mitglieder in der Schweiz haben sich während des Krieges, wo Dornach von der Welt abgeschlossen war, zu sehr gegenseitig auf die Füße getreten.»[162]

Die Finanzierung der sich allein aus Mitgliederbeiträgen und Spenden tragenden Goetheanum-Aktivitäten und der Unterhalt des Baues selbst, dessen Inneneinrichtung noch zu keinem Abschluß gekommen ist, lassen eine Fortführung der Tätigkeit kaum als möglich erscheinen. Bereits nach der Michaeli-Tagung 1939 wird der hohe Unkosten verursachende Bau geschlossen und während des Krieges auch für militärische Einquartierungen benutzt. Wieder wird die Schreinerei provisorisches Obdach der vielfältigen von Dornach ausgehenden und dort zusammenlaufenden Betätigungen, welche aber in der Folgezeit drastische Einschränkungen erfahren müssen. Dennoch wird nach Kräften versucht, die Tagungen – öffentliche und für Mitglieder bestimmte –, Fachgruppen und Seminare, im besonderen auch die Durchführung der Klassenstunden zu ermöglichen, in dem Bewußtsein, besonders in den Kriegsjahren den Niedergangserscheinungen in der Welt eine positive, spirituelle Arbeit gegenüberstellen zu müssen.

Da die Arbeit und Vorbereitungen zu den Veranstaltungen sich zunehmend auf die schweizerischen, respektive Dornacher Kreise der Mitarbeiterschaft beschränken müssen, nehmen die zwischenmenschlichen, im Persönlichen urständenden Konflikte, Ränke und Mißverständnisse heftig zu. Schon 1938/39 entstanden Differenzen im Zusammenhang mit der pädagogischen Arbeitsgruppe am Goetheanum, weniger bedeutende gingen 1936 (sogenannter ‹Musikerkonflikt›) voran.[163]

Latent vorhanden und gelegentlich spürbar ist der Hang eines großen Teiles der Mitgliedschaft der Allgemeinen Anthroposophischen Gesellschaft – wie schon 1930 im nordischen Antrag zum Ausdruck kommend –, Albert Steffen als den eigentlichen Träger der Gesellschaft anzusehen; diese Tendenz verstärkt sich nach 1935, in den vierziger Jahren gibt sie bald Anlaß zu Entzweiungen. Charakteristisch dabei ist, daß Steffen selbst bestrebt ist, jeden anderen, besonders auch die mit ihm Verantwortlichen, unter keinen Umständen in ihrer Freiheit anzutasten, damit einen Hauptwesenszug der neuen Weltauffassung pflegend. Diese in äußerster Strenge und steter Rechenschaft vor sich selbst geübte Haltung[164] ist gepaart mit der schon erwähnten persönlichen Empfindsamkeit, Verletzbarkeit, vor allem in Angelegenheiten, die ihn als Vorsitzenden der Allgemeinen Anthroposophischen Gesellschaft betreffen. Beispielsweise veranlaßte ihn die schon Ende der zwanziger Jahre vorgebrachte Anschuldigung, er habe den Prinzipien der Weihnachtstagung zuwider gehandelt, indem er eine bevorzugte Stellung des Vorsitzenden (bezüglich Mitgliederaufnahme, Sektionsverantwortung, Tagungsgestaltung) beanspruche – damals von Elisabeth Vreede vorgebracht –, seine Initiative für die Tagungsgestaltung völlig niederzulegen, welche er erst nach 1935 in umfänglichem Maße wieder aufnahm[165]. Jeder Zweifel an seiner Integrität führt zu einem Rückzug seinerseits, welcher wiederum zur Folge hat, daß die Mehrheit der Mitgliedschaft seine unschätzbare Bedeutung für die Führung der Allgemeinen Anthroposophischen Gesellschaft unterstreicht und ihm immer weiterreichende Kompetenzen einräumen möchte.

Für die Führung der Freien Hochschule für Geisteswissenschaft, die der unmittelbaren Impulsierung aus der geistigen Welt offen sein will, setzte Rudolf Steiner auf der Weihnachtstagung absolute Unabhängigkeit voraus – auch in der Wahl seiner Mitarbeiter, da im Esoterischen nicht anders als aus gegenseitigem Vertrauen gearbeitet werden kann. Als 1. Vorsitzender der Gesellschaft aber wirkte er mit dem Vorstand in Gemeinsamkeit, stets nach Rück- und Absprache.[166] Der unterschiedliche Duktus in der Führung der Hochschule und der Leitung der Gesellschaft schien sich schon kurze Zeit nach seinem Tode zu verwischen. Da von einer einzelnen Persönlichkeit in der Führung der Hochschule keine Rede mehr sein konnte, lag die Verantwortung für die Sektionen bei deren jeweiligen Leitern, während die Leitung der allgemein-anthroposophischen Sektion – mithin auch jene der einzig bestehenden 1. Klasse – in die Gemeinsamkeit des Vorstandes genommen wurde. In der Mitgliedschaft scheinen darüber häufig Mißverständnisse aufzutauchen, welche in der Konsequenz dazu führen, dem 1. Vorsitzenden – ihn mit dem völliger Souveränität bedürfenden Leiter der Hochschule verwechselnd – Rechte und Aufgaben einzuräumen, die diesem gemäß den Weihnachtstagungs-Prinzipien nicht angemessen sind.

So wird Steffen von den Mitgliedern – besonders als nach 1940 nahezu ausschließlich die Schweizer Mitgliedschaft in Betracht kommt – und dem ihn umgebenden Mitarbeiterkreis in eine Rolle gebracht, die von ihm selbst nicht gesucht ist, und aus der Distanz mag man hinzufügen: gegen die er sich auf die Dauer vielleicht nicht dezidiert genug zu verwahren vermochte.

Marie Steiner-von Sivers sieht sich durch diese Tendenzen aus der Gesellschaftsleitung mehr und mehr verdrängt; die Überfülle der Aufgaben in der intensiv und fruchtbar arbeitenden Sektion für redende und musische Künste und der Bearbeitung und Herausgabe des literarischen Nachlasses Rudolf Steiners, ihr hohes Alter sowie ein sie in ihrer Bewegungsfreiheit stark einschränkendes Fußleiden werden jenen, die allein Steffen sehen wollen, sehen können, zum Vorwand, sie zu Gesprächen, die Gesellschaftsangelegenheiten betreffen, nicht unbedingt hinzuzuziehen. Daß Steffen diese Haltung nicht energisch korrigiert, sie in Mißkredit bringende Auffassungen nicht einer sofortigen Klärung unterzieht, führt ihrerseits zu einem Vertrauensverlust Albert Steffen gegenüber.

Diese Spannungen führen zu Parteiungen, dann zu Frontbildungen in Mitgliederkreisen, kulminieren und brechen zur offenen Krise aus, als Albert Steffen und Guenther Wachsmuth ihre anläßlich der öffentlichen Sommertagung 1942 geplanten Vorträge zurückziehen, nachdem ein von ihnen im Gegensatz zu Marie Steiner-von Sivers nicht anerkannter Redner ebenfalls für diese Tagung Vorträge ankündigt.

Steffen will diesem Redner – Roman Boos, der sich seit der Dreigliederungszeit, durch Krankheit unterbrochen, aus feurigem Willen für die Anthroposophie in Wort und Schrift einsetzt und Leiter der Sozialwissenschaftlichen Vereinigung am Goetheanum ist – nicht die Redefreiheit nehmen und zieht sich zurück, da er nicht eine Tagung eröffnen und leiten kann, auf der eine Persönlichkeit vorträgt, deren sachliche und persönliche Vorgehensweise er nicht glaubt verantworten zu können. Da Roman Boos schon in der vorangehenden Zeit Anlaß zu schwierigen Auseinandersetzungen im Vorstand war, wendet sich jetzt eine heftige Reaktion aus der Mitgliedschaft gegen ihn und in der Folge gegen Marie Steiner-von Sivers. Sie ist an sich an diesen Vorgängen unbeteiligt, aber es wird angenommen, daß durch ihre Haltung Steffen in eine unmögliche Situation gebracht worden sei, welche die öffentliche Arbeit in Frage stellt. Verschärfend wirkt, daß in jener Zeit die Mitgliedschaft allzu wenig über die nicht selten komplizierten Vorgänge in den Initiative tragenden Kreisen unterrichtet wird und so unsachgemäßen Urteilen, wogenden Sympathien und Antipathien, unterstützt durch die im Kriege allgemein problematische Lage, Tür und Tor geöffnet sind; das Streben für ein gemeinsames Ziel wird darüber aus den Augen verloren.[167]

Der tief tragische Verlust des Vertauens in eine verantwortungsvolle Gesellschaftsleitung, namentlich in die Unbefangenheit und Aufrichtigkeit Albert Steffens, dem Marie Steiner-von Sivers als Dichter hohe Achtung entgegenbringt, dessen Werke vorzüglich durch ihren Einsatz eine ihrem Anliegen und ihrer Gestalt gemäße Aufführung erfahren, veranlassen sie zu folgenschweren Schritten bezüglich der Verantwortung für den ihr allein testamentarisch von Rudolf Steiner übertragenen Nachlaß.[168] Diese werden vollzogen, nachdem sie auf einen 1942 im Mitteilungsblatt veröffentlichten Aufruf an die Schweizer Zweige zur Verständigung und positiven Zusammenarbeit jenseits von persönlichen Differenzen keine adäquate Resonanz erhält (Ita Wegman antwortet ihr darauf wenige Tage vor ihrem Tode, kurz, persönlich, voller Zukunftshoffnung).[169]

Bereits 1934 traf Marie Steiner-von Sivers Anordnungen über die personelle Zusammensetzung einer Gruppe, die nach ihrem Tode die Verwaltung und Herausgabe des literarischen Werkes Rudolf Steiners weiterführen sollte, das neben den Institutionen der Hochschule und der Gesellschaft die dem gewöhnlichen Bewußtsein zugängliche Quelle der anthroposophisch orientierten Geisteswissenschaft darstellt. Bis 1941 – obwohl zu diesem Zeitpunkt bereits tiefe Haltungsunterschiede aufgetreten sind – sind Albert Steffen und Guenther Wachsmuth in diesem Komitee an erster Stelle vertreten.[170] 1943, bestimmt durch die sich steigernd fortschleppende Krise von 1942, gibt sie dieser Gruppe, der nun ihre Vorstandskollegen nicht mehr angehören, eine formalrechtliche Form als ‹Verein zur Verwaltung des literarischen und künstlerischen Nachlasses von Dr. Rudolf Steiner, Dornach›. Alle ihr durch das Testament obliegenden Rechte und Pflichten überträgt sie im Falle ihres Todes an diesen Verein.[171]

Weihnachten 1943 erfolgt ihrerseits nochmals eine Aufforderung, wenn schon keine Zusammenarbeit, so solle doch innerhalb der Allgemeinen Anthroposophischen Gesellschaft (gemäß § 11 und 13 der Prinzipien) eine den gemeinsamen Zielen dienende, in voneinander getrennten Organisationen nebeneinander laufende Arbeit stattfinden.[172]

Für Albert Steffen wie für Guenther Wachsmuth scheint dieser Vorschlag das Mühen um eine zusammenhängende Gesellschaft, die Trägerin esoterischer Impulse sein kann, völlig aufzugeben. Als ihnen Anfang 1945 die Gründung des ‹Nachlaß-Vereins› kurz vor dessen Eintragung ins Handelsregister zur Kenntnis gebracht wird, sehen sie einen wichtigsten Teil des Werkes Rudolf Steiners von der Hochschule und der Gesellschaft abgetrennt, indem nicht mehr diese, sondern ein von ihnen unabhängiger Verein – auch wenn dessen Mitglieder der Gesellschaft wie auch der Hochschule angehören – die Verantwortung und vor allem rechtliche Handhabe über das literarische Werk Steiners haben.[173] Dieses sowie die ohne jede Einbeziehung und Zustimmung der anderen Vorstandsmitglieder vollzogene Vereinsgründung läßt deren entschiedene Zurückweisung dieses Nachlaß-Vereins verständlich werden. Durch mangelnde Unterscheidung zwischen dem im Dezember 1925 der Gesellschaft eingegliederten, 1908 von Marie Steiner-von Sivers gegründeten Philosophisch-Anthroposophischen Verlag, in dem sämtliche Schriften und die zur Herausgabe vorbereiteten Vortragsnachschriften Rudolf Steiners bis dahin erscheinen, und den ihr allein testierten Autorrechten – zu deren Fortsetzung und Vertretung sie den Nachlaß-Verein gründete –, kommt es sogar zur Erwägung juristischer Schritte (dem sogenannten Kraußbrief vom 4. 12. 1945). Sie sollen das ‹Recht der Gesellschaft auf das Werk Rudolf Steiners› wahren und Marie Steiner-von Sivers zur Aufhebung der getroffenen Einrichtungen veranlassen.[174]

Die Auseinandersetzungen in diesem zweiten, abermals die gesamte Gesellschaft durchziehenden Konflikt, in dessen Mittelpunkt nunmehr die ‹Nachlaßfrage› gerückt ist und häufig auch als dessen Grund angesehen wird, finden einen Ausdruck in der Konstitution einer ‹Freien Arbeitsgruppe› (24. 2. 1946), die «der aus der Schülerschaft zu Rudolf Steiner quellenden Gesinnung» einen freien Raum schaffen will.[175] Die angedrohten juristischen Konsequenzen von Seiten Albert Steffens und Guenther

Wachsmuths gegen die Entscheidungen Marie Steiner-von Sivers', ungerechtfertigter Einfluß auf die unter ihrer Leitung stehende Sektion für redende und musische Künste sowie der zu ausgeprägte Führungsanspruch des Vorsitzenden sind für die Initianten der ‹Freien Arbeitsgruppe› Gründe, die zu jener Formierung führen. Sie vereinigt jene schweizerischen Mitglieder, die in Steffen – im Gegensatz zu der Majorität – nicht den Hauptträger der Anthroposophischen Gesellschaft sehen können, sondern die den Intentionen Marie Steiner-von Sivers' verbunden sind, die eine Gruppenbildung auf föderativer Grundlage anstrebt.[176]

Selbst die Vorbereitungen für die zum ersten Mal nach dem Kriege wieder im Goetheanumbau geplante öffentliche Sommertagung sind von Konflikten begleitet, die zumeist nicht in erster Linie zwischen Marie Steiner-von Sivers und Steffen, sondern vorzüglich durch Mitgliedergruppen entstehen, welche die Stellung oder Kompetenz des einen oder anderen mißachtet glauben.[177]

Die nahezu ausweglos werdende Situation, der durch die Stellungnahme der ‹Freien Arbeitsgruppe› bedingte Rückzug Steffens von seinen Aufgaben als Vorsitzender[178] läßt die Mehrheit der Generalversammlung im Frühjahr 1947 beschließen, Albert Steffen ihr Vertrauen auszuprechen mit der Bitte, den Vorsitz weiterzuführen, in Verfolg der durch die Weihnachtstagung gegebenen Aufgaben; die gegen ihn vorgebrachten Anschuldigungen werden als ungerechtfertigt betrachtet. Aufgrund dieses Votums nimmt Steffen seine Tätigkeit wieder auf, zieht sich aber von einer Zusammenarbeit mit Marie Steiner-von Sivers im Vorstand und ihrer Sektion zurück. Den Mitgliedern der Sektion für redende und musische Künste stellt er eine von der Sektion unabhängige Wirksamkeit am Goetheanum frei.[179]

Zusammenfassend zeigt sich folgende Situation: Marie Steiner-von Sivers begründet aus Sorge und Zweifel über die gesunde und berechtigte Fortentwicklung der Allgemeinen Anthroposophischen Gesellschaft und des Vorstandes einen rechtlich von diesen unabhängigen Verein, der nach ihrem Tode Garant sein soll für das Weitertragen der ihr als Erbin obliegenden Verantwortung für das hinterlassene literarische Werk Rudolf Steiners. Albert Steffen sieht damit einen wesentlichen Teil der ‹geistigen Substanz› nicht mehr im Rahmen und Schutz der für diese verantwortlichen Hochschule und Gesellschaft, deren Fortwirken ihm innerstes Anliegen ist. Beide sind überzeugt, durch ihre Handlungen und Auffassungen im Sinne Rudolf Steiners bzw. der Weihnachtstagung zu handeln.

Diese Trennung ist bereits so weitgehend und lähmend, daß selbst den nach Kriegsende wieder verstärkt an den Dornacher Angelegenheiten teilnehmenden profilierten Mitgliedern aus aller Welt trotz vieler Versuche eine Vermittlung nicht gelingt.[180]

Erst einer Delegiertenversammlung, welche die Generalversammlung 1948 vorbereitet, ist die Klärung der umstrittenen Fragen (Nachlaß, Sektionsangelegenheiten, Vorsitzendenkompetenzen, Freie Arbeitsgruppe) soweit möglich, daß eine entspannte, verständigungsbereite Atmosphäre entsteht. In der Hoffnung auf eine Neuregelung distanzieren sich Steffen und Wachsmuth von dem ‹Kraußbrief›; Marie Steiner-von Sivers bekundet ihre Bereitschaft, über die Eingliederung des Nachlaß-Vereins gemäß ihren bereits 1946 gemachten Vorschlägen[181] in die Freie Hochschule für Geisteswissenschaft – beispielsweise als autonome Sektion – Besprechungen zu führen; die ‹Freie Arbeitsgruppe› wird aufgefordert, ihre schwerwiegenden Vorwürfe gegen Albert Steffen zu überprüfen und gegebenenfalls zurückzuziehen.

Durch diese Vorbereitung, deren Hauptbedeutung in der Reinigung der von Polemik, gegenseitigen Kränkungen und Unterstellungen geprägten Umstände liegt, kann die Generalversammlung den zunächst noch nicht bis in Einzelheiten gehenden

Bekundungen der Verantwortlichen, auf neuer Basis das Zusammenwirken zu suchen, Vertrauen entgegenbringen. Ferner beschließt sie einstimmig, den durch die Generalversammlung vom 14. 4. 1935 erfolgten Ausschluß eines Teiles der Mitglieder als aufgehoben zu betrachten und diesen den Wiederanschluß an die Allgemeine Anthroposphische Gesellschaft zu ermöglichen.[182]

IX

1948 – 1963

Nachdem sich eine Einigung über die institutionelle Eingliederung des Nachlaß-Vereins in die Hochschule nicht erzielen läßt und somit die Hoffnungen des Frühjahres 1948 sich nicht erfüllen, kommt es zur völligen Entzweiung der durch Albert Steffen und Marie Steiner-von Sivers repräsentierten Strömungen.[183] Die Anfang der vierziger Jahre entstehende skeptische Haltung Marie Steiner-von Sivers' bezüglich der Fortlebensmöglichkeit des esoterischen Impulses in Vorstand und Hochschule, verdichtet sich ihr zu der Überzeugung, daß mit von wahrer Esoterik durchpulsten Institutionen in Erfüllung der Weihnachtstagung nicht mehr gerechnet werden könne; allein durch individuell verantwortete Initiativen, die sich föderativ in eine unbevormundete Verbindung begeben, könne die anthroposophische Bewegung berechtigt fortwirken. Der Weihnachtstagung gegenüber entsteht die Stimmung des Versagt-Habens, des Gescheitert-Seins.

Albert Steffen hat die Bedeutung und das Vorhandensein einer lebendigen Hochschule für Geisteswissenschaft, einer Gesellschaft, welche in dieser und dem sie initiativ führenden Vorstand ihren Mittelpunkt sieht, als Gewähr für eine sachgemäße Vertretung der Anthroposophie und als Vermächtnis Rudolf Steiners zu verteidigen; die Auffassung der Trägerschaft einer spirituellen Nachfolge in Erfüllung der Weihnachtstagung als dem Keim einer Gesellschaftsbildung aus dem Geiste sowie die Stellvertretung Rudolf Steiners stehen im Vordergrund.

Wenn auch durch ganz andersartige Besonnenheit ausgezeichnet, nicht in demselben Maße willensbetont, so zeichnet sich doch im Laufe der vierziger Jahre in der von Steffen gelebten Anschauungsweise eine gewisse Verwandtschaft zu der 1935 ausgeschlossenen Strömung ab, und in den fünfziger Jahren kann sich auch die Zusammenarbeit mit jenen Kreisen fruchtbar entwickeln.

Zu den sich um den Nachlaß-Verein, der nach dem Tode Marie Steiner-von Sivers' alle Rechte am literarischen Werk Rudolf Steiners innehat, gruppierenden Kreisen entsteht eine tiefe Kluft. Es kommt zwischen diesem und der Allgemeinen Anthroposophischen Gesellschaft zum Prozeß um die Urheberrechte, in dem das Gericht auf Grundlage der Testamente Rudolf Steiners und Marie Steiner-von Sivers' der Allgemeinen Anthroposophischen Gesellschaft ihre Ansprüche auf das Autorrecht abspricht und jenem erhält.

Die vom Nachlaß-Verein edierten Schriften Rudolf Steiners werden von der Gesellschafts- und Hochschulleitung ignoriert.

Die Vorstandserweiterungen im Laufe der fünfziger Jahre bringen keine Lösung der Verhältnisse. Wenn es auch – durch die Erfahrung der Geschichte bereichert – nicht zu Ausschlüssen kommt, leben zwei einander nicht anerkennende Strömungen nebeneinander. Die sich nach dem Kriege neu konstituierenden Landesgesellschaften – vorzüglich die Anthroposophische Gesellschaft in Deutschland – suchen eine ausgleichende, vermittelnde Haltung einzunehmen, auch wenn sie sich mit dem Goetheanum verbinden. Mit dem Tode der letzten Gründungsvorstandsmitglieder Albert Steffen und Guenther Wachsmuth 1963 scheint eine Phase der Geschichte der Anthroposophischen Gesellschaft zu enden.

Im Frühjahr 1948 bilden sich die ‹Vereinigten Freien Initiativen der Allgemeinen Anthroposophischen Gesellschaft›, als Ausdruck der von Marie Steiner-von Sivers intendierten Föderations-Idee, allein fußend auf der individuell getragenen Verantwortung in der Erarbeitung und Vertretung des von Rudolf Steiner Gegebenen. Entstanden aus einer Erweiterung der ‹Freien Arbeitsgruppe›, werden sie von der Majorität der Gesellschafts-Leitung nicht anerkannt, wollen aber offen für alle tätig-sein-wollenden Mitglieder sein.[184]

Da bis September 1948, trotz Verhandlungen eines eigens zu diesem Zweck gebildeten Komitees kein Modus gefunden werden kann, den Nachlaß-Verein in die Hochschule einzugliedern und auch die ‹Freie Arbeitsgruppe› in kritisch-ablehnender Haltung gegenüber dem Vorsitzenden der Allgemeinen Anthroposophischen Gesellschaft weiterbesteht, verhärten sich die Gegensätze erneut. Die Hoffnungen, eine Trennung zwischen den von Rudolf Steiner geschaffenen Institutionen und seinem literarischen Werk zu verhindern, schwinden.[185] Die Majorität der Mitglieder erkennt in der Folge nur noch in Albert Steffen und Guenther Wachsmuth die Goetheanumleitung an, während sich eine Minorität in der ‹Anthroposophischen Vereinigung in der Schweiz› verbindet, die aus den ‹Vereinigten Freien Initiativen› hervorgeht.[186]

Als Marie Steiner-von Sivers am 27. 12. 1948 stirbt, tritt der ‹Verein zur Verwaltung des literarischen und künstlerischen Nachlasses von Dr. Rudolf Steiner, Dornach› als ihr Alleinerbe in seine Rechte. Auf die sofortigen Kontakt-Versuche zur Goetheanumleitung zwecks Regelung des Verhältnisses zum Philosophisch-Anthroposophischen Verlag für die weitere Herausgabe der Werke Rudolf Steiners erfolgt keine Antwort, da der Vorstand die Nachlaßverwaltung in keiner Weise anerkennen kann.

Auf der Generalversammlung 1949 schlägt Albert Steffen zur Vorstandserweiterung den Naturwissenschaftler HERMANN POPPELBAUM (1891–1979) und den Musiker WILHELM LEWERENZ (1898–1956) vor. Lewerenz ist seit den zwanziger Jahren innerhalb der Sektion für redende und musische Künste tätig und übernimmt deren Leitung. Damit erfährt der Vorstand seit 1923 seine erste Ergänzung.[187]

Das Jahr 1949 ist als ‹Goethejahr› den Faustaufführungen gewidmet, an denen viele tausend Besucher aus aller Welt teilnehmen.

Die erste Hälfte der fünfziger Jahre steht innergesellschaftlich ganz im Zeichen der Auseinandersetzung zwischen der Allgemeinen Anthroposophischen Gesellschaft und dem Nachlaß-Verein, der Bücher- oder Nachlaßfrage, welche sich noch bis weit in die siebziger Jahre hinein und sogar bis in die Gegenwart fortzieht. Grundsätzlich spricht sich darin die verschiedenartige Auffassung über die Folgen der Weihnachtstagung 1923/24 aus. Einerseits kann gesagt werden: die moderne abendländische Esoterik, von Ruldolf Steiner seit Jahrhundertbeginn ständig wachsenden Menschenkreisen zugänglich gemacht, findet ihr Zentrum in der Freien Hochschule für Geisteswissenschaft und wird, seit dem Tode ihres Inaugurators, der keinen Nachfolger in der Leitung ernannt hat, vom Vorstand der Allgemeinen Anthroposophischen Gesellschaft, deren Seele die Freie Hochschule ist, weitergeführt, wenn sie auch nicht den Intentionen ihres Gründers entsprechend erweitert, besser: vervollständigt werden kann. In diesem Vorstand, der von Rudolf Steiner vorgeschlagen wurde und der sich in der Folge durch Kooptation erweitert hat, in den Goetheanum-Mitarbeitern und in der Gemeinsamkeit der Mitglieder der Hochschule liegt die tragende Gewähr für das Fortwirken des spirituellen Impulses der Weihnachtstagung, liegt der Sammelpunkt und die Verantwortung für die in aller Welt vorhandenen anthroposophischen Aktivitäten. Wird diese für Rudolf Steiners Werk verantwortliche, von ihm begründete Institution in eine Lage versetzt, die ihr keine Vollmacht über dessen Werk in seiner literarischen Erscheinungsform erlaubt, kann sie einen bedeutenden Teil der ihr gestellten

Aufgaben nicht erfüllen; sie sieht sich in ihrer Freiheit beschränkt durch eine ‹außerhalb der Allgemeinen Anthroposophischen Gesellschaft stehende Einrichtung›.

Die zur Gründung des Nachlaß-Vereins führende und von dessen Mitgliedern vertretene Überzeugung kann durch das im Geschichtsverlauf Geschehene mit einer angemessenen Erfüllung der Weihnachtstagungs-Intentionen nicht mehr rechnen: Sie achtet wohl die Hochschule und den Gesellschaftsvorstand, kann den Vorstand aber nicht als in erster Linie verantwortliche und die Hochschule nicht mehr als eine lebendige, Geistverbundenheit verbürgende Institution anerkennen. Dafür kommt, seit Steiners Tod und den erfolgten Entwicklungen, ausschließlich das sich durch seine moralische Haltung auszeichnende, der Grundsteinlegung sich verpflichtet wissende Individuum in Betracht.[188] Marie Steiner-von Sivers hat als Vorstandsmitglied die allein ihr testierten Rechte an dem hinterlassenen, zu Teilen noch unveröffentlichten literarischen und künstlerischen Werk Rudolf Steiners an eine Gruppe solcher Individuen übergeben, die – und da liegt die Problematik, die in den zwanziger Jahren nicht geahnte Tragik – weder mit der Hochschulleitung, noch mit dem Gesellschaftsvorstand identisch ist.

Als der Philosophisch-Anthroposophische Verlag – der ohne Zweifel rechtmäßiger Bestandteil der Allgemeinen Anthroposophischen Gesellschaft und damit in Verantwortung des Vorstandes ist[189] – Ende 1949 eine Neuauflage von Zyklen Rudolf Steiners ohne Rücksprache mit dem Nachlaß-Verein beginnt, strengt dieser den Prozeß um die ihm testierten Urheberrechte an. Die aus den Testamenten Rudolf Steiners und Marie Steiner-von Sivers' sich ergebenden Konsequenzen stehen der Ansicht gegenüber, daß allein die Hochschule berechtigter Herausgeber der Werke Steiners sein kann. Hinzu kommt eine bis dahin nie erwähnte Vereinbarung zwischen dem Vorstand der Allgemeinen Anthroposophischen Gesellschaft und Marie Steiner-von Sivers vom 31. 8. 1925[190], derzufolge die Goetheanumleitung sich im Besitz der Urheberrechte wähnt. In dem sich über zweieinhalb Jahre erstreckenden Prozeß kommt das Gericht nach ausführlichen Recherchen 1952 zu dem Urteil, der Nachlaßverwaltung Recht zuzusprechen und die von der Allgemeinen Anthroposophischen Gesellschaft eingelegte Gegenklage abzuweisen.[191]

Die unmittelbar vor und während der Gerichtsverhandlungen von führenden deutschen Mitgliedern mit Vertretern der Nachlaßverwaltung ausgearbeiteten Vermittlungsvorschläge scheitern an der Haltung des Vorstandes, der seinen eingenommenen Standpunkt nicht glaubt verlassen zu können, ohne seine spirituelle Integrität einzubüßen, seine ihm durch die Weihnachtstagung obliegenden Verpflichtungen zu verletzen.[192]

Schon während des Prozesses führt der Nachlaß-Verein die bis dahin von Marie Steiner-von Sivers geleitete Herausgabe in einem eigens zu diesem Zweck gegründeten Verlag (Verlag der Rudolf Steiner Nachlaßverwaltung, später Rudolf Steiner Verlag) fort – allerdings ohne den Veröffentlichungen den von Rudolf Steiner angegebenen und im § 8 der Prinzipien genannten Vermerk voranzustellen; eine Gesamtausgabe der Schriften und nachgeschriebenen Vorträge Rudolf Steiners ist angestrebtes Ziel. Die durch den Nachlaß-Verein edierten Schriften und Zyklen Steiners werden vom Verkauf im Goetheanum sowie von der Anzeige in der Wochenschrift ‹Das Goetheanum› ausgeschlossen; der Vorstand distanziert sich entschieden von diesen Veröffentlichungen.[193] Dessen ungeachtet werden sie für die später an Anthroposophie Herantretenden zur unmittelbarsten Möglichkeit der Vertiefung in die Geisteswissenschaft Rudolf Steiners.

Der ergänzte Vorstand, der das Gerichtsurteil innerlich nicht anerkennt und nur aus gesetzlichen Gründen ihm entsprechend handeln muß, wendet sich mit vermehrter Kraft den ihm obliegenden Aufgaben zu, wenn sich auch die Auseinandersetzung mit dem Nachlaß-Verein und der ihn stützenden ‹Anthroposophischen Vereinigung in der Schweiz› fortsetzt.

Eine gewisse Konsolidierung der Gesellschaft bis zu den Anfängen der sechziger Jahre ist unverkennbar. Seit 1954 werden wieder öffentliche Hochschulkurse zu einzelnen Fach- und Wissensgebieten mit steigender Beteiligung am Goetheanum durchgeführt. Die Sektionsarbeit wird durch Ergänzung der Mitarbeiter intensiviert; besonders die medizinische Arbeit rückt wieder dem Goetheanum näher, nachdem in die Leitung der wiederbelebten medizinischen Sektion Ärzte der Arlesheimer Klinik, von der nach wie vor die zu Beginn vornehmlich durch Ita Wegman getragenen Impulse fruchtbar in die Welt wirken, aufgenommen werden.[194]

Als das Vorstandsmitglied Wilhelm Lewerenz 1956 unerwartet stirbt, werden der Musiker KARL VON BALTZ (*1898), der die Sektion für redende und musische Künste übernimmt, sich aber bereits 1958 wieder aus dem Vorstand zurückzieht, sowie RUDOLF GROSSE (*1906), bis dahin Lehrer an der Rudolf Steiner Schule Basel, der die seit 1931 ausgesetzte Arbeit der Jugendsektion wieder aufnimmt, vom Vorstand kooptiert.[195] Kurz darauf wird aus bestehenden Arbeitsgruppen eine Sektion für bildende Künste eingerichtet; nach dem Tod Edith Maryons 1924 – schon kurz nach der Weihnachtstagung – war die Sektion nicht weitergeführt worden.[196]

Der 1954 beschlossene Innenausbau des großen Saales im Goetheanum durch den Stuttgarter Architekten Johannes Schöpfer ist Anlaß zu langwierigen Auseinandersetzungen, da keine dezidierten Angaben Steiners für die Innengestaltung des Goetheanums vorliegen und die vorgebrachten Modelle in den Augen mancher in diesen Fragen kompetenter Mitglieder den Erfordernissen nicht gerecht zu werden vermögen;[197] 1957 wird er in seiner neuen Gestalt eröffnet.

Das Jahr 1957 steht im Zeichen der dreiunddreißigjährigen

Wiederkehr der Weihnachtstagung und den Mitgliedern wird die Arbeit an der Konstitution der Allgemeinen Anthroposophischen Gesellschaft und der Freien Hochschule für Geisteswissenschaft sowie den Prinzipien ans Herz gelegt, um die eigenen Aufgaben und Verhältnisse klarer zu ergreifen.

Im Sommer wird, sich zusammensetzend aus dem Vorstand, den Leitern der Sektionen und verschiedenen Fachgruppen am Goetheanum, ein ‹Hochschulkollegium› gebildet, das die sich ausweitende Arbeit in Dornach anregt und verantwortet.[198]

Ein Jahr darauf wird das Seminar für Anthroposophie ins Leben gerufen und der vom Vorstand geleiteten allgemeinen anthroposophischen Sektion angeschlossen. Es soll jeweils während eines Jahres eine gründliche Einführung in die Methodik und Ergebnisse der Geisteswissenschaft ermöglichen, unterstützt und erweitert durch künstlerisches Üben.[199]

Die holländische Landesgesellschaft, noch immer von Zeylmans van Emmichoven als Generalsekretär geleitet, gliedert sich 1960 wieder der Allgemeinen Anthroposophischen Gesellschaft ein und dokumentiert damit eine Überwindung und Heilung des 1935 erfolgten Bruchs.[200]

Die Tätigkeit der bestehenden sozialwissenschaftlichen Vereinigung am Goetheanum kann in der Weise vertieft werden, daß 1962 eine Sektion für Sozialwissenschaft – die erste über den Sektions-Bestand seit 1924 hinausgehende – gegründet wird, die den Anforderungen des modernen Gesellschafts- und Wissenschaftslebens entsprechend eine Notwendigkeit bedeutet. Eine Sektion für Ernährung und Landwirtschaft, deren Fachbereiche bis dahin von der naturwissenschaftlichen Sektion mitgetragen wurden, kommt 1963 hinzu.[201]

Nur wenige Monate vor seinem Tod im Herbst 1962 wird der Professor und Direktor des Technikums in Winterthur und langjährige Leiter der mathematisch-astronomischen Sektion, Louis Locher-Ernst (1906–1962), Mitglied des Vorstandes.[202]

Eine grundlegende Wende in der Leitung der Allgemeinen Anthroposophischen Gesellschaft bringt das Jahr 1963. Nach dem Tode Guenther Wachsmuths im Frühjahr treten nach Beratung mit den Funktionären der Gesellschaft auf Vorschlag Albert Steffens der Österreicher FRIEDRICH HIEBEL (*1903), ehemaliger Waldorflehrer in Stuttgart und Professor in den USA, die Ärztin MARGARETHE KIRCHNER-BOCKHOLDT (1894–1973), die dem therapeutischen Strom, der mit Ita Wegman zusammenhängt, verbunden ist, und der in der Gesellschaftsöffentlichkeit noch wenig bekannte Philosoph (Schüler von Karl Jaspers) und Fabrikant HERBERT WITZENMANN (*1905) dem Vorstand bei; letzterer übernimmt die Jugendsektion, während Rudolf Grosse die Leitung der pädagogischen Sektion beginnt und deren bisheriger Leiter Hermann Poppelbaum die naturwissenschaftliche Sektion in seine Verantwortung nimmt.[203]

Als wenig darauf, am 13. Juli 1963, Albert Steffen als letztes Gründungsvorstandsmitglied stirbt, übernimmt Hermann Poppelbaum den Vorsitz der Allgemeinen Anthroposophischen Gesellschaft.

Die Bedeutung Albert Steffens für die Gesellschaftsentwicklung ist eine tief prägende. Als Stellvertreter Rudolf Steiners zur Weihnachtstagung in den Vorstand berufen, übernimmt er nach dessen Tod den Vorsitz, zwischen Marie Steiner-von Sivers und Ita Wegman vermittelnd. Im Laufe der Jahre nähert er sich zunehmend der Haltung Marie Steiner-von Sivers' an und entfernt sich von den Intentionen Ita Wegmans. Nach 1935 gelingt es weder ihm noch Marie Steiner-von Sivers, ein dauerhaftes Verhältnis der gegenseitigen Ergänzung aufrechtzuerhalten. Dadurch wird die Gesellschaft abermals in zwei Lager gespalten, da beide wenn auch unterschiedliche, so doch vom jeweiligen Gesichtspunkt aus verständlich-notwendige Haltungen zu vertreten haben. Deutlich zeigt sich, wie es dem Gründungsvorstand ohne die überschauende Kraft seines Bildners nicht gelingt, die inneren Gegensätze, welche notwendig in dieser Gesellschaft vorhanden sein müssen, zu überbrücken. Von der ihn anerkennenden Mitglieds-Majorität wird Steffen - besonders nach 1948 – als die Mitte bildend zwischen zwei Haltungen, der Euphorie für den Geist, die in die Illusion führt und der Resignation gegenüber dem spirituellen Anliegen der Weihnachtstagung, angesehen. Im Sinne der ihm nahestehenden Mitarbeiter erfährt die Gesellschaft während der letzten zehn Jahre seines Lebens eine Konsolidierung.

Zu Michaeli 1963 betont Rudolf Grosse das Bemühen des Vorstandes, weiterhin den Prinzipien der Allgemeinen Anthroposophischen Gesellschaft entsprechend, im Sinne der Weihnachtstagung wirksam zu sein. Darüber hinaus soll vermehrt darauf hingearbeitet werden, in der Vergangenheit entstandene Konflikte, die stark an einzelne Personen gebunden waren, zu überwinden; besonders die Nachlaß-Frage soll einer gründlichen Prüfung unterzogen werden.[204]

X
Seit 1963

Die Erholung der Gesellschaft nach den Einschränkungen durch den zweiten Weltkrieg und dem Konflikt um die Nachlaßfrage – hinter der, wie aufgezeigt, Auffassungsunterschiede über die Realisierbarkeit der Freien Hochschule für Geisteswissenschaft und den Charakter der Gesellschaftsleitung stehen – geht nur langsam voran.[205] Noch kurz vor ihrem Tode sehen sich Albert Steffen und Guenther Wachsmuth trotz der sich ausweitenden Arbeit der Hochschule und der Konsolidierung der Gesellschaft in einer Sackgasse bezüglich des Nachlaßkonfliktes. Die Gesamtausgabe der Werke Rudolf Steiners in der Edition der Nachlaßverwaltung, sich in den sechziger Jahren der Vervollständigung nähernd, ist in aller Welt das wesentliche Arbeitsmaterial derer, die sich um Geisteswissenschaft und ihre Lebensfrüchte bemühen, während am Goetheanum, dem Zentrum dieses Mensch und Welt verwandelnden Impulses, auf diese Schriften nicht hingewiesen wird, sie nicht zu erwerben sind.

«. . . ich kann es fast nicht mehr ertragen, daß die Bücher Rudolf Steiners nicht im Goetheanum sind, aber ich weiß nicht, wie ich es machen soll.» (Albert Steffen zu Rudolf Grosse Anfang der sechziger Jahre)[206]

1964 nimmt der Vorstand seinerseits Gespräche mit der Nachlaßverwaltung auf, die aber nach geraumer Zeit nur zu dem Ergebnis führen, daß nach wie vor grundsätzlich andersartige Überzeugungen über die spirituelle Artung der Hochschule bestehen, welche eine sachgemäße Verbindung von Nachlaßverwaltung und Hochschule nicht zulassen.

Für den Vorstand am Goetheanum ist die Anschauung bestimmend: «. . . die Gesellschaft wird eine esoterische sein, solange es noch einen einzigen Meditanten gibt, der ihr angehört . . solange noch ein einziges Werk Rudolf Steiners in den Seelen weniger Freunde lebendig bewegt wird, solange ist und bleibt die Gesellschaft und das Goetheanum eine geistige Lebensstätte.»[207] Und: «Die Hochschule hat eine nicht zu Ende gehende Aufgabe, nämlich das, was Rudolf Steiner aus der übersinnlichen Welt erforscht hat . . . so zu bearbeiten, daß es Menschensubstanz wird.»[208]

Also nicht allein in dem ständigen Zuwachs an Offenbarungen und Impulsen aus der geistigen Welt – wie er bis zu Rudolf Steiners Tod vorhanden war –, sondern schon in der systematischen, verantwortungsbewußten Schulung auf ein Erkennen der übersinnlichen Welten hin, verbunden mit der Verarbeitung und Fruchtbarmachung des vorhandenen, an Fülle kaum zu umfassenden anthroposophischen Geistesgutes durch ihre Mitglieder, liegt die Berechtigung, die Hochschule als die Pflegestätte lebendiger Esoterik anzusehen, deren Leitung die umfängliche Verantwortung für das anthroposophische Wesen obliegt.

Da aber die Vertreter der Nachlaßverwaltung weder die Hochschule und die in ihr geleistete Arbeit in dieser Weise anerkennen noch den Vorstand als eine durch besondere spirituelle Qualifikation sich auszeichnende Menschengruppe achten können, wird verständlich, daß sie nicht bereit sind, den Nachlaß-Verein der Hochschule, unter Einschränkung der ihnen überantworteten Rechte und Pflichten durch die Goetheanumleitung, einzugliedern.

Der Vorstand seinerseits ist der Auffassung, daß er die Werke Rudolf Steiners, die von einer ihn nicht seinem Selbstverständnis entsprechend achtenden Einrichtung bearbeitet und herausgegeben werden, nicht anerkennen dürfe, ohne damit sich und die durch die Weihnachtstagung gestellte Aufgabe zu verleugnen.

Das Bemühen des Vorstandes seit 1963, unter die alten Probleme einen Strich zu ziehen und die Gesellschaft offener und vielgestaltiger – wie es ihrem Wesen angemessen ist – zu gestalten, findet seinen ersten Ausdruck in der Intensivierung seiner Zusammenarbeit mit den Generalsekretären und Vorständen der Landesgesellschaften, die als erweiterter Vorstand von Rudolf Steiner an der Weihnachtstagung angesprochen waren. Regelmäßig vor der um Ostern stattfindenden Generalversammlung und am Jahresende werden Sitzungen dieses Gremiums abgehalten, wodurch die Verbindung des Vorstandes der Allgemeinen Anthroposophischen Gesellschaft zu den einzelnen Landesgesellschaften verbessert und eine Kräftigung der ganzen Gesellschaft aus gegenseitiger menschlicher Wahrnehmung erzielt wird.

Diese Verständigung soll durch eine in jedem Jahr von der allgemeinen anthroposophischen Sektion veranstaltete Tagung für Zweig- und Gruppenleiter gefördert werden.

Eine weitere Einrichtung trägt dazu bei, der gewünschten und notwendigen Differenziertheit innerhalb der Gesellschaft einen verbindenden, Einheit-bildenden Zug an die Seite zu stellen. Schon 1924 gab Rudolf Steiner vom Goetheanum ausgehend wöchentlich Leitsätze für die Arbeit in den Zweigen und Gruppen heraus, was nach seinem Tod aufgrund der schwierigen Situation im Vorstand nicht in demselben Maße weitergeführt werden konnte. Erstmals 1938, dann erneut ab 1947 beginnt Albert Steffen für die Mitglieder der Allgemeinen Anthroposophischen Gesellschaft einen Jahresausblick über mögliche, mit der Zeitsituation korrespondierende Aufgabenstellungen zu geben. Diese Themen finden ihre Bearbeitung und Gestaltung unter verschiedenen Aspekten in den Tagungen zu den Jahresfesten am Goetheanum und werden der Zweigarbeit, gleichsam als Leitmotiv, empfohlen. Diese Gepflogenheit setzt der Vorstand fort und erweitert sie, indem ein die Jahresarbeit überschreibendes Gesamtthema vorgeschlagen wird und Anregungen für die Arbeit in den Zweigen und Gruppen der Weltgesellschaft gegeben werden sowie eine Jahresübersicht über die von den Sektionen der Hochschule geplanten Veranstaltungen. Den Gruppen auf örtlichem und sachlichem Felde sowie den Einzelmitgliedern bleibt es selbstverständlich freigestellt, diese Anregungen aufzugreifen.[209]

Die Anthroposophische Gesellschaft Englands, die in ihrem Hauptteil seit 1935 nicht mit dem Goetheanum verbunden war, gliedert sich Ende 1963 wieder der Allgemeinen Anthroposophischen Gesellschaft an.[210]

Ebenso wie zu den autonomen Landesgesellschaften verdichtet sich die Beziehung des Goetheanum zu den sogenannten Tochterbewegungen, die in ihrer Wirksamkeit über die Welt verteilt besonders nach dem Kriege in ständiger Ausweitung begriffen sind.

Beispielsweise findet die besonders in Deutschland an öffentlicher Bedeutsamkeit gewinnende Schulbewegung, die in den Jahren der Konflikte nahezu vollständig ohne Verbindung zu Dornach arbeitete, um in ihrer Entwicklung nicht durch die innergesellschaftlichen Schwierigkeiten gelähmt zu werden, in ihren verantwortlichen Vertretern wieder eine Beziehung zur Goetheanumleitung. Die pädagogische Sektion bemüht sich, zunehmend ihrer Aufgabe, den inneren Mittelpunkt der anthroposophisch-pädagogischen Bestrebungen zu bilden, gerecht zu werden, wenngleich es auch bis heute dem größten Teil der Lehrerschaft an Rudolf Steiner- oder Waldorfschulen keine Selbstverständlichkeit bedeutet, sich der pädagogischen Sektion zu verbinden. Die Lehrer des freien Religionsunterrichtes an den Waldorfschulen, der durch kompetente Anthroposophen erteilt werden soll, richten ihre Jahrestagung am Goetheanum ein. Die Synode der Priesterschaft der Bewegung für religiöse Erneuerung findet in den Jahren 1964–66 dort statt. Auch die Hauptjahrestagungen der landwirtschaftlichen Bewegung werden in Dornach abgehalten.

Der Wiedereintritt Dr. KARL KÖNIGS (1902–1966) – 1935 mit zu den Ausgeschlossenen gehörend, 1940 Begründer der Camphill Heimschulbewegung für seelenpflegebedürftige Kinder in Schottland – in die Allgemeine Anthroposophische Gesellschaft, führt auch diese auf der Geisteswissenschaft gründende, heute über die ganze Welt verbreitete Bewegung eigenen Charakters zu einer Verbindung mit dem Goetheanum.[211]

Ständig am Goetheanum bestehende Seminare für vollständige Berufsausbildungen in den Bereichen Pädagogik, bildende Künste, Eurythmie, Sprachgestaltung und Heilpädagogik, weiterbildende und vertiefende Kurse zu anderen Berufsgebieten sowie das Anthroposophische Studienjahr ziehen eine Vielzahl junger Menschen nach Dornach.

Die naturwissenschaftliche Sektion ermöglicht in einjährigen Studiengängen Einführungen in die Grundlagen einer goetheanistischen Naturwissenschaft, veranstaltet Fachkonferenzen einzelner naturwissenschaftlicher Disziplinen und unterhält Forschungslaboratorien.

Die Bühnentätigkeit behält bis heute ihren Schwerpunkt in den Faust- und Mysteriendramenaufführungen.

Eine schon Anfang der sechziger Jahre entstandene, auf den Generalversammlungen wellenschlagende Auseinandersetzung, die von einer relativ kleinen Mitgliedergruppe getragen ist, über die im Handelsregister eingetragenen Statuten und deren Beziehung zu den als Prinzipien bezeichneten Statuten der Weihnachtstagung sowie eine nahezu 40jährige Erfahrung führt 1965 zu einer Neufassung ersterer. Diese bemüht sich darum, die rechtlich verbindlichen Statuten den Prinzipien – welche in der Weise, wie sie 1923 gefaßt und von der Mitgliederschaft angenommen waren, nicht unmittelbar als Vereinsstatuten eintragbar waren – möglichst anzunähern (siehe Anhang 4).[212]

Als sich 1965 im Zusammenhang mit der Haltung des Vorsitzenden Hermann Poppelbaum zur Nachlaßverwaltung und durch seine persönlichen Lebensumstände in der Mitgliedschaft Spannungen abzeichnen, tritt er 1966 aus dem Vorstand zurück, um neue personengebundene Konflikte zu vermeiden. Sein vorzüglichstes Anliegen innerhalb der Gesellschaft seit den 40er Jahren sowie gegenüber der allgemeinen Wissenschaftswelt ist die Vermittlungssuche, der ‹Brückenbau›. Seine Tätigkeit als Leiter der naturwissenschaftlichen Sektion behält er bis 1971, seine Wirksamkeit am Goetheanum bis zu seinem Tode 1979 bei. Rudolf Grosse wird 1. Vorsitzender, der in Dornach gebürtige Jurist und Lehrer WERNER BERGER (1916–1978), in der Schweizer Landesgesellschaft sowie in der Finanzverwaltung am Goetheanum profiliert, und der deutsche Archäologe HAGEN BIESANTZ (*1924) werden kooptiert.[213]

Von neuem wird in dieser Zusammensetzung, besonders durch Herbert Witzenmann und Hagen Biesantz, eine Verständigung mit der Nachlaßverwaltung gesucht. Nachdem auch durch diesen Anlauf keine aussichtsreichen neuen Wege sich abzeichnen, hofft der Vorstand der absurd werdenden Situation ein Ende zu setzen durch die im Januar 1968 getroffene Entscheidung, die von der Nachlaßverwaltung edierten Werke Rudolf Steiners in das Goetheanum aufzunehmen, d. h. auf wirtschaftlicher Ebene mit dem Nachlaß-Verein zusammenzuarbeiten, auch ohne eine Verständigung auf geistigem Felde gefunden zu haben.[214] Die Anschauung, daß es wirklichkeitsfremd geworden sei, einerseits mit den Werken am Goetheanum ebenso wie in aller Welt zu arbeiten und sie andererseits offiziell zu ignorieren, ja zu boykottieren, sowie die Auffassung, daß es sich um Bücher Rudolf Steiners handelt, die – ungeachtet des Herausgebers – insbesondere im Goetheanum zugänglich sein müssen, drängen jene bis dahin bestimmende, vor allem von Albert Steffen geltend gemachte Haltung in den Hintergrund, daß damit der Nachlaß-Verein indirekt anerkannt werde und dadurch die geistigen Lebensgesetze der Hochschule insofern verletzt würden, als der Nachlaß-Verein allein durch die Überzeugung bestehe, «die spirituell lebendige, nicht nur institutionelle Hochschule, sowie sie von Rudolf Steiner begründet wurde, existiere nicht mehr und jene, die den Auftrag zu ihrer Fortführung erhalten haben, hätten versagt.»[215]

Herbert Witzenmann kann sich mit dem Beschluß der anderen Vorstandsmitglieder, der in wesentlicher Übereinstimmung mit den Generalsekretären der Landesgesellschaften gefaßt wurde, nicht einverstanden erklären, denn für ihn bleibt die Bücherfrage allein auf dem Hintergrund der Hochschulfrage zu behandeln. Dem Wesen der Hochschule aber entspräche «die praktizierte Einsicht, daß der Vorrang, den unsere Zeit dem äußeren Handeln vor dem Erkennen zuweist, Verrat an der Aufgabe unserer Epoche ist, deren äußeres Handeln seine Rechtfertigung nur von dem inneren erkenntnisgeläuterten Handeln empfangen kann.»[216] Die Entstehung und Haltung der Nachlaßverwaltung sowie das Erscheinen der Bücher ohne verantwortlichen Zusammenhang mit der Hochschule – d. h. auch ohne den in § 8 der Prinzipien vorgesehenen Schutzvermerk – läßt es ihm unmöglich erscheinen, dem Beschluß seiner Vorstandskollegen zuzustimmen.[216]

Nicht lange kann die trotz verschiedener Auffassung der Nachlaßfrage weiterhin gemeinsam geleistete leitend-impulsierende Tätigkeit des Vorstandes aufrecht erhalten bleiben. Als Reaktion auf den ‹Bücherbeschluß› bildet sich der ‹Arbeitskreis zur geistgemäßen Durchdringung der Weltlage› als Gruppe innerhalb der Allgemeinen Anthroposophischen Gesellschaft. Er sieht seine Aufgabe darin, aus den Gesichtspunkten, die sich durch die Weihnachtstagung ergeben, eine Auseinandersetzung mit der Weltlage zu leisten. Die Beschäftigung mit den spirituellen Intentionen der Weihnachtstagung wird ein Hauptanliegen, da seine Gründer diese durch den Vorstand am Goetheanum, mit Ausnahme von Herbert Witzenmann, nicht mehr ausreichend gewahrt sehen.

«Wir fanden uns dabei (der Gründung) in der . . . Lage, Herrn Witzenmann als das Vorstandsmitglied unter uns zu haben, der nach unserer Überzeugung die innere Einheit und Würde der Hochschule und Gesellschaft sowie deren Unabhängigkeit durch seine Handlungen gewahrt hatte.»[217]

Bleibt auch die problematische Situation des Vorstandes als Folge der Bücherfrage, welche ihrerseits als Symptom der Auffassungsunterschiede über die Aufgabe und Qualität der Hochschule angesehen werden kann, bis Mitte der siebziger Jahre – genauer: durch das offizielle Verbleiben Herbert Witzenmanns im Vorstand bis in die Gegenwart – bestehen, so erlahmt doch nicht die Bemühung, vermehrt die aus anthroposophischen Impulsen geleistete Tätigkeit auf allen Kulturgebieten in der ganzen Welt in das Blickfeld zu rücken, sie zu verbinden und zu stärken entgegen dem in gewisser Beziehung bedeutsamen aber die Tat lähmenden Ringen um Klärung der vielschichtigen innergesellschaftlichen Schwierigkeiten. 1971 gibt der sich aus den Vertretern der Arbeitszentren zusammensetzende Vorstand der Anthroposophischen Gesellschaft in Deutschland seine Anerkennung der Nachlaßverwaltung und der von ihr geleisteten Arbeit bekannt, damit die Haltung der Mehrheit des Vorstandes am Goetheanum in den jüngsten Entscheidungen unterstützend. Andere Landesgesellschaften (England, Holland, Schweden, Finnland, Norwegen, Dänemark, Canada) schließen sich dem an.[218]

Die Vorstandstätigkeit Herbert Witzenmanns wird vom Herbst 1971 an als ruhend bezeichnet[219] und die folgende Generalversammlung beschäftigt sich ausführlich mit den Differenzen innerhalb des Vorstandes.[220] 1974 wird Herbert Witzenmann von seinen Tätigkeiten beurlaubt, da die Vorstandsmitglieder allein in einer kontinuierlichen Zusammenarbeit eine Möglichkeit der gemeinsam getragenen Verantwortung sehen, während jener seine freie Mitarbeit anbietet.[221]

Die in der Jugendsektion begonnene und von einer Anzahl von Mitgliedern sehr geschätzte Arbeit Witzenmanns findet eine Fortsetzung in dem genannten Arbeitskreis sowie in dem 1973 gegründeten ‹Seminar für freie Jugendarbeit auf der Grundlage der Geisteswissenschaft Rudolf Steiners›.[222]

1973 stirbt Margarethe Kirchner-Bockholdt. Zwei Jahre darauf wird der Vorstand durch den Norweger JÖRGEN SMIT (*1916) ergänzt. Er wirkte seit den vierziger Jahren führend in der Norwegischen Landesgesellschaft, die im überwiegenden Teil ihrer Mitgliedschaft dem Goetheanum bis 1957 fern stand, da sie die Haltung Albert Steffens und Guenther Wachsmuths gegenüber Marie Steiner-von Sivers und die sich daraus ergebenden Entwicklungen nicht billigen konnte. Seine Erfahrung als Waldorflehrer und Mitbegründer des Jugendseminars in Järna, Schweden (1961), sowie als Gründer des dortigen pädagogischen Seminars (1968) geben ihm die Voraussetzungen, die Leitung der Jugendsektion und später die der pädagogischen Sektion zu übernehmen. Ferner wird MANFRED SCHMIDT-BRABANT (*1926) berufen, der im Vorstand der deutschen Landesgesellschaft tätig ist; er übernimmt die Leitung der sozialwissenschaftlichen Sektion. 1926 geboren, wirkt er bereits als 21jähriger im Vorstand des Berliner Zweiges und ist an der Neugestaltung der deutschen Anthroposophischen Gesellschaft nach dem Kriege beteiligt.[223]

Weitere zwei Jahre später, 1977, kommt die Volkswirtschaftlerin GISELA REUTHER (*1924) hinzu, die durch ihre Erfahrungen im steuerrechtlichen und Bankbereich den Vorstand mit umfangreichen Kenntnissen auch auf finanziell-wirschaftlichem Felde unterstützen kann; Werner Berger, der bis dahin diesen Sektor verantwortete, stirbt nach langer Krankheit 1978.[224]

Zu Michaeli 1979 wird zum erstenmal eine umfassend vorbereitete einwöchige Tagung am Goetheanum für die in der Gesamtbewegung verantwortlich tätigen Mitglieder veranstaltet. Durch Rück- und Ausblick auf die Gesellschafts- und Hochschulaufgaben wird ein klares Selbstverständnis für dieselben gesucht; durch die Gestaltung dieser Tagung und die Arbeitsweise der Teilnehmer entsteht die Möglichkeit, vorhandene Gegensätze zur Bewältigung der gemeinsamen Aufgaben, die sich von Jahr zu Jahr höher auftürmen, zu verbinden.[225]

In den siebziger Jahren setzt eine starke Ausweitung aller anthroposophischen Tätigkeitsfelder ein, begleitet von einem wachsenden Interesse für die Anthroposophie in der Öffentlichkeit. Die existentielle Gefährdung der Erde und des Menschen durch eine materialistisch-technisch ausgerichtete Zivilisation, die jede Beziehung zu realer Geistigkeit verloren zu haben scheint, wird alarmierend deutlich. Damit wird die Notwendigkeit der wirksamen Existenz einer intakten und weltoffenen Vereinigung von Menschen, «die das seelische Leben im einzelnen Menschen und in der menschlichen Gesellschaft auf der Grundlage einer wahren Erkenntnis der geistigen Welt pflegen wollen», unverkennbar. Wachheit und Verantwortungsbewußtsein für die Aufgaben in der Welt neben energischer Geistesschulung und -forschung der Einzelnen, die sich in dem Willen zur Verständigung und Zusammenarbeit verbinden, erscheinen als wesentliche Qualitäten, an deren Vorhandensein der Wert und die Bedeutung dieser Gesellschaft ihren Maßstab finden. In ihr und durch sie könnte dem Individuum die Möglichkeit entstehen, über sich selbst hinauszuwachsen zu der Fähigkeit, in tätiger Verwirklichung der Anthroposophie eine für die Gegenwart und Zukunft entscheidende geistgemäße Sozial-Gestalt zu bilden.

Anhang

1

Ziele und Aufgaben der Theosophischen Gesellschaft

Keine menschliche Meinung
steht über der Wahrheit.

Die Ziele der Gesellschaft sind:[226]

1. Den Kern eines allgemeinen Bruderbundes der Menschheit zu bilden, ohne Unterschied des Glaubens, der Nation, des Standes, des Geschlechts.
2. Die Erkenntnis des Wahrheitskernes alles religiösen Lebens zu pflegen.
3. Die tieferen geistigen Kräfte zu erforschen, welche in der Menschennatur und in der übrigen Welt schlummern.

Die Theosophische Gesellschaft soll eine Vereinigung von Menschen sein, welche ernstlich nach Wahrheit streben über die höchsten Güter des Lebens und das Wesen der Seele. Aufgrund dieses Strebens soll allgemeiner Brüderlichkeit und wahrer Menschenliebe der Eingang in das Leben verschafft werden. Nicht ein von vornherein festgesetztes Glaubensbekenntnis vereinigt die Mitglieder; denn wer im echten Sinne nach Erkenntnis sucht, findet auf seinem Wege ein Wahres: er mag von welchem Standpunkte auch immer ausgehen. In diesem Suchen nach der reinen Wahrheit leisten sich die Mitglieder gegenseitig Beistand. Der einzelne mag sich zu diesem oder jenem Religionsbekenntnis zählen, die eine oder die andere Lebensansicht sein nennen: nicht auf Meinung und Dogma kommt es bei der Theosophischen Gesellschaft an. Nicht was die Menschen trennt, soll betont werden, sondern was sie in Liebe verbindet. Deshalb werden durch sie die Lehren der reinen Weisheitsreligion gepflegt, welche den geistigen Ursprung des Menschen und des Weltalls, die Unsterblichkeit der Seele und die Natur des Menschenschicksals zum Gegenstande haben.

Keine Religion wird bekämpft, sondern dem Verständnis des wahren Kernes alles echten religiösen Lebens soll gedient werden. Theo-Sophia heißt wörtlich übersetzt ‹göttliche Weisheit›; sie geht von dem Grundsatze aus, daß der Mensch die Erkenntnis des göttlichen Urgeistes finden kann, weil er selbst in seinem tiefsten Innern göttlich-geistiger Natur ist. Sie führt über alle Zweifel und allen Kleinmut gegenüber den höchsten Wahrheiten hinweg, zum Frieden der Seele und zum Einblick in die geistige Wirklichkeit. Sie zeigt den Weg zu dieser geistigen Wirklichkeit; und dieser Weg führt auch zur edelsten Menschen-Bruderschaft. Auf diesem Wege erwächst die Liebe und die Gerechtigkeit, sowie das einzige Glück, das der Mensch anstreben kann. Es wird dem Tode seine rechte Stelle im unvergänglichen Leben angewiesen und der Ausblick eröffnet auf ein höheres und reicheres Leben. Die Lehren und Schriften der großen Weisheitslehrer und göttlichen Menschheitsführer werden durch die ‹Theosophische Gesellschaft› in ihren Tiefen der Menschheit zugänglich gemacht. Ein jeder vermag sich zu Wissen hinaufzuringen durch das Beispiel derer, die durch unablässiges Streben und durch reines Leben die Einsicht erlangt haben in höhere Welten, in die Geheimnisse des Daseins, der Liebe und in das Walten der Gerechtigkeit.»

2
Entwurf der Grundsätze einer Anthroposophischen Gesellschaft (1912)

Die Weisheit ist nur
in der Wahrheit.

Zu einer befriedigenden und gesunden Lebensgestaltung bedarf die Menschennatur der Erkenntnis und Pflege ihrer eigenen übersinnlichen Wesenheit und der übersinnlichen Wesenheit der außermenschlichen Welt.[227] Zu einem solchen Ziele können die naturwissenschaftlichen Forschungen der neueren Zeit nicht führen, trotzdem sie innerhalb ihrer Aufgaben und ihrer Grenzen Unsägliches für die menschliche Kultur zu leisten berufen sind. Die anthroposophische Gesellschaft wird dieses Ziel verfolgen durch Förderung der auf das Übersinnliche gerichteten echten und gesunden Forschung und durch Pflege von deren Einfluß auf die menschliche Lebensführung. Wahre Geistesforschung und die aus ihr folgende Gesinnung soll der Gesellschaft ihren Charakter geben, der in folgenden Leitsätzen zum Ausdruck gelangen kann:

1. Es können in der Gesellschaft alle diejenigen Menschen brüderlich zusammenwirken, welche als Grundlage eines liebevollen Zusammenwirkens ein gemeinsames Geistiges in allen Menschenseelen betrachten, wie auch diese verschieden sein mögen in bezug auf Glauben, Nation, Stand, Geschlecht usw.

2. Es soll die Erforschung des in allem Sinnlichen verborgenen Übersinnlichen gefördert und der Verbreitung echter Geisteswissenschaft gedient werden.

3. Es soll die Erkenntnis des Wahrheitskernes in den verschiedenen Weltanschauungen der Völker und Zeiten gepflegt werden.

Der erste dieser drei Leitsätze ist der Anthroposophischen Gesellschaft notwendig, weil hohe geistige Erkenntnisziele gemeinsam von Menschen nur verfolgt werden können, wenn brüderliche Gesinnung die Gegensätze überbrückt, welche sich allzuleicht aus allem ergeben, was im Denken, im Glauben, in den besonderen Lebensinteressen die Menschen trennt. Dieses Trennende wird niemals das Zusammenwirken stören, wenn die Grundlage des letzteren das gemeinsame Geistige in allen Menschenseelen ist und daher das Trennende unberührt und in seiner Eigenheit voll geachtet bleibt innerhalb der Gesellschaft. So geartet wird diese, durch die Gesinnung, die ihr selbst notwendig ist, das Ideal des menschlichen Zusammenlebens erstreben, das unter vollkommener Schätzung des Denkens und Fühlens des Einzelnen doch den Boden findet, auf dem gegenseitige Liebe und Brüderlichkeit gedeihen kann. Ihr geistiges Ziel wird die Gesellschaft nur erreichen können, wenn so ihre Mitglieder sich einem Lebensideale widmen, das allgemein menschliches Ideal einer Lebensführung sein kann. Der Gesellschaft muß es ganz fern liegen, für oder gegen diese oder jene Glaubensrichtung zu wirken, da sie sich der Geistesforschung, nicht aber irgendeinem Bekenntnisse widmen will. Daher liegt ihr jede religiöse Propaganda ganz fern. Sie wird aber auch eine solche niemals bekämpfen. Ebenso sind streng ausgeschlossen von der Gesellschaftstätigkeit alle Arten politischer oder sozialpolitischer Wirksamkeit.

Ihre Arbeit ist gewidmet den Wegen und Mitteln, welche dem Menschen im Sinne der Entwickelung unserer Zeit dienen können, die großen Rätselfragen des menschlichen Daseins auf solche Art der Lösung entgegenzuführen, welche die Forschung über das Sinnliche ins Übersinnliche erweitert, ohne auf solche

Abwege zu kommen, die dem echten Wahrheitssinne nicht genügen können. Sie wird zeigen, daß die Menschheit in der Gegenwart eine solche Geistesforschung besitzt, daß diese in die übersinnliche Welt führt und daß deren Pflege und Verbreitung ebenso Aufgabe einer Gesellschaft sein kann wie irgendeine andere Wissenschaft.

Die edelsten Früchte menschlicher Geistesentwicklung, die verschiedenen Weltanschauungen und Bekenntnisse der Völker und Zeiten, betrachtet diese Geistesforschung nicht auf ihren Bekenntniswert hin, sondern insofern in ihnen das Ringen der Menschheit nach den großen geistigen Daseinsfragen zum Ausdruck kommt. Es wird daher der Grundcharakter der Gesellschaft nicht mit einer Bezeichnung belegt werden können, welche von einem speziellen Bekenntnis hergenommen ist. Wenn z.B. die Erforschung des Christusimpulses innerhalb der Menschheitsentwicklung durch die Geistesforschung ihre Pflege findet, so geschieht dies nicht im Sinne eines religiösen Bekenntnisses, sondern so, daß der Bekenner einer jeden religiösen Richtung sich zu dem entsprechenden geisteswissenschaftlichen Ergebnis verhalten kann, wie sich etwa der Bekenner der Hindureligion oder des Buddhismus zur kopernikanischen Astronomie verhält, trotzdem diese nicht in seinen religiösen Urkunden sich findet. Der Christusimpuls wird als Forschungsergebnis zur Geltung gebracht auf eine Art, wie sie jeder Anhänger eines Religionsbekenntnisses annehmen kann, nicht etwa nur der christliche Bekenner.

Die Begründung der Gesellschaft hat sich dadurch vollzogen, daß ein Gründungskomitee von drei Persönlichkeiten, nämlich Dr. Carl Unger, Fräulein Marie von Sivers und Michael Bauer, zunächst die Gesamtleitung der Anthroposophischen Gesellschaft übernommen haben. Ihnen steht ein Vorstand zur Seite, der zunächst als Gründungsvorstand gilt.

Die Mitglieder des Gründungskomitees werden Vertrauenspersönlichkeiten ernennen, welchen es obliegen wird, die Anmeldungen von Mitgliedern entgegenzunehmen und welche für die von ihnen vorzuschlagenden Mitglieder die Garantie gegenüber dem Vorstande übernehmen.

Die Ernennung einer Vertrauenspersönlichkeit wird entweder auf Initiative des Gründungskomitees erfolgen, oder dadurch geschehen, daß ein Mitglied von sieben anderen Mitgliedern oder Persönlichkeiten, welche die Aufnahme ansuchen, als ihre Vertreter bezeichnet und vom Zentralkomitee als solcher anerkannt wird.

Die Mitgliedschaft wird erworben durch Meldung entweder direkt beim Vorstande oder bei einer der Vertrauenspersönlichkeiten. Die Anerkennung der Mitgliedschaft erfolgt nur durch den Zentralvorstand zunächst der bezeichneten drei Gründer.

Die Ergänzung des Vorstandes beziehungsweise des Komitees wird durch Kooptation von diesem Komitee selbst vollzogen, und es können dafür Vorschläge auf der jährlich einzuberufenden Mitgliederversammlung gemacht werden.

Die Arbeit der Gesellschaft erfolgt in freien Gruppen, die sich unabhängig in allen Ländern der Erde an jedem Orte bilden können. Diese Gruppen werden sich einzeln bilden können, oder sich zusammenschließen können, werden Vereine oder lose Verbände usw. bilden können, je nach den Verhältnissen der entsprechenden Gegenden, in welchen sie sich bilden. Die Anthroposophische Gesellschaft ist als solche kein Verein, ihr Zusammenhalt beruht nicht auf einer Vereinsorganisation oder dergleichen, sondern auf der Pflege der Geisteswissenschaft als solcher, und die Mitgliedschaft bedingt nichts vereinsmäßiges, sondern z. B. das Recht, gewisse geisteswissenschaftliche Schriften zu beziehen, die nur für Mitglieder bestimmt sind und ähnliches. Im äußeren Sinne wird also das Band der Anthroposophischen Gesellschaft kein anderes sein als z. B. dies bei einer anthropologischen oder ähnlichen Gesellschaft bestehen würde.

Jede Arbeitsgruppe bildet sich ihre besonderen Statuten usw. und wählt sich ihren Vorstand. Die allgemeine Mitgliedschaft, die von jedem Mitgliede einzeln erworben werden muß, bedeutet, daß der Zentralvorstand eine einzelne Persönlichkeit als zur Anthroposophischen Gesellschaft gehörig anerkennt.

Der ständige Sitz der Anthroposophischen Gesellschaft wird vorläufig Berlin sein. Die geschäftliche Leitung wird den in Berlin ansässigen Mitgliedern des Zentralvorstandes obliegen. Diese geschäftliche Leitung besteht in nichts anderem als in Maßnahmen, welche den oben ausgesprochenen geistigen Zielen dienen können.

Zur Führung der Anthroposophischen Gesellschaft bezahlt jedes Mitglied einen einmaligen Eintrittsbeitrag von 5 Mark und einen fortlaufenden Jahresbeitrag von 6 Mark. In besonderen Fällen kann eine Ermäßigung des Jahresbeitrags eintreten.

3

Die ‹Prinzipien› der Allgemeinen Anthroposophischen Gesellschaft

Von Rudolf Steiner an der Weihnachtstagung 1923/24 vorgeschlagen und von den Vertretern der Mitgliedschaft der Anthroposophischen Gesellschaften angenommen

1. Die Anthroposophische Gesellschaft soll eine Vereinigung von Menschen sein, die das seelische Leben im einzelnen Menschen und in der menschlichen Gesellschaft auf der Grundlage einer wahren Erkenntnis der geistigen Welt pflegen wollen.[228]

2. Den Grundstock dieser Gesellschaft bilden die in der Weihnachtszeit 1923 am Goetheanum in Dornach versammelten Persönlichkeiten, sowohl die einzelnen, wie auch die Gruppen, die sich vertreten ließen. Sie sind von der Anschauung durchdrungen, daß es gegenwärtig eine wirkliche, seit vielen Jahren erarbeitete und in wichtigen Teilen auch schon veröffentlichte Wissenschaft von der geistigen Welt schon gibt, und daß der heutigen Zivilisation die Pflege einer solchen Wissenschaft fehlt. Die Anthroposophische Gesellschaft soll diese Pflege zu ihrer Aufgabe haben. Sie wird diese Aufgabe so zu lösen versuchen, daß sie die im Goetheanum zu Dornach gepflegte anthroposophische Geisteswissenschaft mit ihren Ergebnissen für die Brüderlichkeit im menschlichen Zusammenleben, für das moralische und religiöse, sowie für das künstlerische und allgemein geistige Leben

* Die Anthroposophische Gesellschaft knüpft an die im Jahre 1912 gegründete Anthroposophische Gesellschaft an, möchte aber für die damals festgesetzten Ziele einen selbständigen, dem wahren Geiste der Gegenwart entsprechenden Ausgangspunkt schaffen.

im Menschenwesen zum Mittelpunkte ihrer Bestrebungen macht.*

3. Die als Grundstock der Gesellschaft in Dornach versammelten Persönlichkeiten erkennen zustimmend die Anschauung der durch den bei der Gründungs-Versammlung gebildeten Vorstand vertretenen Goetheanum-Leitung in bezug auf das Folgende an: «Die im Goetheanum gepflegte Anthroposophie führt zu Ergebnissen, die jedem Menschen ohne Unterschied der Nation, des Standes, der Religion als Anregung für das geistige Leben dienen können. Sie können zu einem wirklich auf brüderliche Liebe aufgebauten sozialen Leben führen. Ihre Aneignung als Lebensgrundlage ist nicht an einen wissenschaftlichen Bildungsgrad gebunden, sondern nur an das unbefangene Menschenwesen. Ihre Forschung und die sachgemäße Beurteilung ihrer Forschungsergebnisse unterliegt aber der geisteswissenschaftlichen Schulung, die stufenweise zu erlangen ist. Diese Ergebnisse sind auf ihre Art so exakt wie die Ergebnisse der wahren Naturwissenschaft. Wenn sie in derselben Art wie diese zur allgemeinen Anerkennung gelangen, werden sie auf allen Lebensgebieten einen gleichen Forschritt wie diese bringen, nicht nur auf geistigem, sondern auch auf praktischem Gebiete.»

4. Die Anthroposophische Gesellschaft ist keine Geheimgesellschaft, sondern eine durchaus öffentliche. Ihr Mitglied kann jedermann ohne Unterschied der Nation, des Standes, der Religion, der wissenschaftlichen oder künstlerischen Überzeugung werden, der in dem Bestand einer solchen Institution, wie sie das Goetheanum in Dornach als freie Hochschule für Geisteswissenschaft ist, etwas Berechtigtes sieht. Die Gesellschaft lehnt jedes sektiererische Bestreben ab. Die Politik betrachtet sie nicht als in ihrer Aufgabe liegend.

5. Die Anthroposophische Gesellschaft sieht ein Zentrum ihres Wirkens in der Freien Hochschule für Geisteswissenschaft in Dornach. Diese wird in drei Klassen bestehen. In dieselbe wer-

den auf ihre Bewerbung hin aufgenommen die Mitglieder der Gesellschaft, nachdem sie eine durch die Leitung des Goetheanums zu bestimmende Zeit die Mitgliedschaft inne hatten. Sie gelangen dadurch in die erste Klasse der Freien Hochschule für Geisteswissenschaft. Die Aufnahme in die zweite, beziehungsweise in die dritte Klasse erfolgt, wenn die um dieselbe Ansuchenden von der Leitung des Goetheanums als geeignet befunden werden.

6. Jedes Mitglied der Anthroposophischen Gesellschaft hat das Recht, an allen von ihr veranstalteten Vorträgen, sonstigen Darbietungen und Versammlungen unter den von dem Vorstande bekanntzugebenden Bedingungen teilzunehmen.

7. Die Einrichtung der Freien Hochschule für Geisteswissenschaft obliegt zunächst Rudolf Steiner, der seine Mitarbeiter und seinen eventuellen Nachfolger zu ernennen hat.

8. Alle Publikationen der Gesellschaft werden öffentlich in der Art wie diejenigen anderer öffentlicher Gesellschaften sein.* Von dieser Öffentlichkeit werden auch die Publikationen der Freien Hochschule für Geisteswissenschaft keine Ausnahme machen; doch nimmt die Leitung der Schule für sich in Anspruch, daß sie von vornherein jedem Urteile über *diese* Schriften die Berechtigung bestreitet, das nicht auf die Schulung gestützt ist, aus der sie hervorgegangen sind. Sie wird in diesem Sinne keinem Urteil Berechtigung zuerkennen, das nicht auf entsprechende Vorstudien gestützt ist, wie das ja auch sonst in der anerkannten wissenschaftlichen Welt üblich ist. Deshalb werden die Schriften der Freien Hochschule für Geisteswissenschaft den folgenden Vermerk tragen: «Als Manuskript für die Angehörigen der Freien Hochschule für Geisteswissenschaft Goetheanum Klasse . . . gedruckt. Es wird niemandem für die Schriften ein

* Öffentlich sind auch die Bedingungen, unter denen man zur Schulung kommt, geschildert worden und werden auch veröffentlicht werden.

kompetentes Urteil zugestanden, der nicht die von dieser Schule geltend gemachte Vor-Erkenntnis durch sie oder auf eine von ihr selbst als gleichbedeutend anerkannte Weise erworben hat. Andere Beurteilungen werden insofern abgelehnt, als die Verfasser der entsprechenden Schriften sich in keine Diskussion über dieselben einlassen.»

9. Das Ziel der Anthroposophischen Gesellschaft wird die Förderung der Forschung auf geistigem Gebiete, das der Freien Hochschule für Geisteswissenschaft diese Forschung selbst sein. Eine Dogmatik auf irgendeinem Gebiete soll von der Anthroposophischen Gesellschaft ausgeschlossen sein.

10. Die Anthroposophische Gesellschaft hält jedes Jahr im Goetheanum eine ordentliche Jahresversammlung ab, in der von dem Vorstande ein vollständiger Rechenschaftsbericht gegeben wird. Die Tagesordnung zu dieser Versammlung wird mit der Einladung an alle Mitglieder sechs Wochen vor der Tagung von dem Vorstande bekanntgegeben. Außerordentliche Versammlungen kann der Vorstand berufen und für sie die Tagesordnung festsetzen. Er soll drei Wochen vorher die Einladungen an die Mitglieder versenden. Anträge von einzelnen Mitgliedern oder Gruppen von solchen sind eine Woche vor der Tagung einzusenden.

11. Die Mitglieder können sich auf jedem örtlichen oder sachlichen Felde zu kleineren oder größeren Gruppen zusammenschließen. Die Anthroposophische Gesellschaft hat ihren Sitz am Goetheanum. Der Vorstand hat von da aus das an die Mitglieder oder Mitgliedergruppen zu bringen, was er als die Aufgabe der Gesellschaft ansieht. Er tritt in Verkehr mit den Funktionären, die von den einzelnen Gruppen gewählt oder ernannt werden. Die einzelnen Gruppen besorgen die Aufnahme der Mitglieder; doch sollen die Aufnahmebestätigungen dem Vorstand in Dornach vorgelegt und von diesem im Vertrauen zu den Gruppenfunktionären unterzeichnet werden. Im allgemei-

nen soll sich jedes Mitglied einer Gruppe anschließen; nur wem es ganz unmöglich ist, die Aufnahme bei einer Gruppe zu finden, sollte sich in Dornach selbst als Mitglied aufnehmen lassen.

12. Der Mitgliedsbeitrag wird durch die einzelnen Gruppen bestimmt; doch hat jede Gruppe für jedes ihrer Mitglieder 15 Franken jährlich an die zentrale Leitung am Goetheanum zu entrichten.

13. Jede Arbeitsgruppe bildet ihre eigenen Statuten; nur sollen diese den Statuten der Anthroposopischen Gesellschaft nicht widersprechen.

14. Gesellschaftsorgan ist die Wochenschrift «Goetheanum», die zu diesem Ziele mit einer Beilage versehen wird, die die offiziellen Mitteilungen der Gesellschaft enthalten soll. Diese vergrößerte Ausgabe des «Goetheanum» wird nur an die Mitglieder der Anthroposophischen Gesellschaft abgegeben.

15. Der Gründungs-Vorstand wird sein:

1. Vorsitzender:	*Dr. Rudolf Steiner*
2. Vorsitzender:	*Albert Steffen*
Schriftführer:	*Dr. Ita Wegman*
Beisitzer:	*Marie Steiner*
	Dr. Elisabeth Vreede
Sekretär und Schatzmeister:	*Dr. Guenther Wachsmuth*

Ergänzende und erläuternde Aussagen Rudolf Steiners:

Zu den Prinzipien

«Es muß sozusagen die Gesellschaft in anthroposophischer Art geführt werden. Sehen Sie, deshalb ist bei dem, was man auch ‹Statuten› nennen könnte, bei der Weihnachtstagung ganz anders vorgegangen worden als beim sonstigen Schaffen von Statuten.

Beim sonstigen Schaffen von Statuten sagt man, man bekennt sich zu diesen oder jenen Grundsätzen. Wir haben ja auch früher in der Anthroposophischen Gesellschaft solche Grundsätze gehabt. Erster Grundsatz: Bruderschaft gründen; zweiter Grundsatz: Einheit in den Religionen aufzeigen usw. Ich habe öfter darauf hingewiesen, daß gerade hier einsetzen müsse dasjenige, was die Anthroposophische Gesellschaft eigentlich erst als Realität begründen kann. Dann ist in der Weihnachtstagung tatsächlich diese Realität geltend gemacht worden. Es wurde nicht von Grundsätzen gesprochen, sondern es wurde darauf hingewiesen: in Dornach lebt etwas, da ist etwas lebendig. Und wer in dem Lebendigen, das in Dornach lebt, etwas Berechtigtes sieht, schließt sich der Gesellschaft an. Es ist nicht auf abstrakte Grundsätze hingewiesen, sondern auf etwas Lebendiges, auf etwas, was da ist. Und es wird nicht das Leben der Gesellschaft in Form von Abstraktionen gefordert in diesen sogenannten Statuten, die eigentlich keine Statuten sind, sondern sie sind eine Erzählung desjenigen, was in Dornach geschieht und was man von dort aus tun will. Erzählung sind diese Grundsätze, nicht Statuten. Ich habe darauf hingewiesen, daß die Gesellschaft einen Vorstand haben soll, der tut, der im Tun, in seiner Initiative dasjenige sieht, was ihn macht, was ihn bildet. So ist versucht worden, in alles an die Stelle der Abstraktionen das rein Menschliche, das unmittelbar Menschliche schon im Statut zu bringen. Und so kann einzig und allein eine Gesellschaft leben, welche ein Organismus sein soll für ein Geistiges, das hereinfließt in die Welt.

Sehen Sie, ich möchte sagen: dieser Vorstand, der in Dornach zu Weihnachten gebildet worden ist, der beruht auf einer Art hypothetischen Urteils. Wenn die Gesellschaft aufnehmen will das, was er tut, dann wird er der Vorstand sein. Wenn sie es nicht aufnehmen will, dann wird er überhaupt nichts sein.»

Stuttgart, 6. Februar 1924

«Ich habe an einzelnen Orten immer wieder betont: die Anthroposophische Gesellschaft soll zu Weihnachten hier eine bestimmte Gestalt erlangen, die ja entstehen kann auf Grundlage desjenigen, was in den einzelnen Ländergesellschaften zustande gekommen ist. Ich habe nie gedacht, meine lieben Freunde, an eine bloß synthetische Zusammenfassung der Ländergesellschaften. Da würden wir wiederum zu einem Abstraktum kommen. Wir müssen hier, wenn es überhaupt zu etwas kommen soll noch mit dieser Anthroposophischen Gesellschaft, wir müssen hier tatsächlich eine ihre Existenzkräfte in sich selbst tragende Gesellschaft formen.» Dornach, 23. Dezember 1923

Anthroposophische Bewegung und Anthroposophische Gesellschaft

«Eine solche positive Gründung – ich mußte das oftmals erwähnen *vor* der Weihnachtstagung am Goetheanum – wie die anthroposophsiche Bewegung, die eigentlich eine geistige Strömung ist, geleitet von geistigen Mächten und geistigen Kräften aus der übersinnlichen Welt, die ihre Erscheinung nur haben hier in der physischen Welt, die durfte nicht zusammengeworfen werden mit der Anthroposophischen Gesellschaft, die eben eine Verwaltungsgesellschaft ist zur Pflege, soweit sie das vermag, zur Pflege des anthroposophischen Impulses.

Nun, seit der Weihnachtstagung am Goetheanum ist das durchaus *anders* geworden. Und nur unter dem Gesichtspunkte des Anderswerdens hatte es einen Sinn, daß ich selber mit einem Vorstande zusammen, mit dem als einem einheitlichen Organismus ganz intensiv für die anthroposophische Bewegung gearbeitet werden kann und muß, daß ich selber den Vorsitz übernahm. Diese Voraussetzung ist diese, daß nunmehr werde die anthroposophische Bewegung eins mit der Anthroposophischen

Gesellschaft. Was also nicht wahr war vor der Weihnachtstagung, ist gründlich verändert seit der Weihnachtstagung. Es muß nunmehr zusammenfallen die Anthroposophische Gesellschaft mit der anthroposophischen Bewegung, wie sie sich in der Welt darstellt.»

Bern, 16. April 1924

Vom Fortwirken der Weihnachtstagung

«Die Weihnachtstagung wird erst real durch das, was aus ihr weiter wird. Hinschauen auf die Weihnachtstagung bedingt schon eine gewisse Verantworlichkeit in der Seele, sie wirklich zu machen; während sie sich sonst zurückzieht von dem Erdendasein, dieselbe Richtung gehen wird, die ich heute von den Mondenwesen beschrieben habe. Sie war natürlich in einem gewissen Sinne in der Welt da. Ob sie als Weihnachtstagung für das Leben wirksam sein wird, hängt davon ab, ob sie fortgesetzt wird.

Sehen Sie, wir haben das ja recht deutlich zum Ausdruck gebracht. In das Herz jedes Teilnehmers wurde versenkt der spirituelle Grundstein für die Anthroposophische Gesellschaft. Aber wir haben zwar formell geschlossen, aber eigentlich sollte diese Weihnachtstagung nie geschlossen sein, sondern immer fortwähren in dem Leben der Anthroposophischen Gesellschaft.»

Stuttgart, 6. Februar 1924

«Und es steht zu hoffen, daß, wenn immer mehr und mehr in die Herzen der lieben Freunde der Anthroposophischen Gesellschaft das Bewußtsein von der Bedeutung, der fortwirkenden Bedeutung der Weihnachtstagung einzieht, daß wir auf dieser Bahn weiterschreiten können, so daß tatsächlich unsere anthroposophische Bewegung nicht bloß sein wird eine Art Perlenschnur, bei welcher Perlen, eine nach der anderen, aufgereiht sind, sondern etwas, was wächst, sprießt, sproßt und sich im Wachsen, Sprießen und Sprossen weiterentwickelt.»

Dornach, 22. April 1924

Der Vorstand

«Anthroposophie kann wirklich nur in voller Freiheit wirken, wenn dieses Wirken überall auf Verständnis immer auftrifft. Anthroposophisches Wirken kann kein Wirken von oben herein sein; obwohl es ein Wirken sein muß, das von Initiative abhängig ist. Deshalb haben wir bei der Dornacher Tagung so stark betont, daß der dort gebildete Vorstand ein Initiativ-Vorstand und nicht ein Verwaltungsvorstand sein will. Man wird auf dasjenige sehen müssen, was er deshalb tut, weil ihm etwas einfällt, weil er Gedanken und Ideen hat zum Wirken, weil er ein Initiativ-Vorstand ist. Und als solchen wird man ihn anzusehen haben, als eine Art wirklichen esoterischen Mittelpunkt der anthroposophischen Bewegung.» Prag, 29. März 1924

«Man wird den größten Ernst entgegenbringen müssen dem, was ich so formulieren möchte: die Anthroposophische Gesellschaft soll nunmehr nicht eine Verwaltungsgesellschaft sein zur Pflege von Anthroposophie, sondern eine wirkliche anthroposophische Gesellschaft, die Anthroposophie nicht bloß verbreitet mit den gewöhnlichen Mitteln, sondern die Anthroposophie tut, in allen ihren einzelnen Maßregeln Anthroposophie tut. Und je mehr man dies verstehen wird, desto mehr werden wir uns hineinfinden in den Ernst, der gemeint war mit der Dornacher Weihnachtstagung. Wir werden versuchen, im Sinne der Weihnachtstagung nicht ein Verwaltungsvorstand zu sein, sondern ein Initiativ-Vorstand, der Anregungen geben will und der auf das Menschlich-Persönliche den Hauptwert legt selbst in Kleinigkeiten.» Prag, 29. März 1924

«Wenn nicht dasjenige, was Kritik ist, an irgendeiner Stelle im menschlichen Zusammenhang aufhört – denn Kritik bezieht sich ja niemals auf den Inhalt des Gelehrten, sondern auf den Inhalt dessen, was gewirkt wird –, wenn diese Kritik nicht aufhört, wenn nicht tatsächlich namentlich in bezug auf die Dinge, wo Okkultes hineinwirkt, ein Prinzip des Autorativen – nicht im Lehren, sondern im Wirken – tatsächlich da sein wird, dann wird unmöglich das aus der anthroposophischen Bewegung heraus werden können, was aus ihr unbedingt werden muß, wenn sie bleiben soll.» Dornach, 7. Juli 1924

«Und diejenigen, die mir zur Seite stehen als der Vorstand am Goetheanum, sollen angesehen werden als eine Art esoterischer Vorstand; so daß das, was durch diesen Vorstand geschieht, so charakterisiert werden kann, daß es ist: Anthroposophie tun, während früher nur verwaltet werden konnte, was in Anthroposophie gelehrt wurde.» Arnheim, 18. Juli 1924

«Das machte notwendig, meine lieben Freunde, daß zu Weihnachten in Dornach nicht ein Vorstand eingesetzt worden ist, der im äußeren, exoterischen Sinne ein Vorstand ist, sondern ein Vorstand wurde eingesetzt, der als esoterischer Vorstand zu betrachten ist, der verantwortlich ist für dasjenige, was er tut, nur den geistigen Mächten gegenüber, der nicht gewählt worden ist, der gebildet worden ist. Alle die Dinge, die sich sonst bei Gründungsversammlungen zutragen, haben sich anders zugetragen zu Weihnachten. Und dieser Vorstand ist dasjenige, was ich einen Initiativ-Vorstand nennen möchte, ein Vorstand, der seine Aufgaben in dem sieht, was er tut. Daher sind auch nicht Statuten ausgearbeitet worden auf der Weihnachtstagung, wie sonst Statuten lauten, sondern es ist einfach gesagt worden, was da für ein Verhältnis sein soll von Mensch zu Mensch zwischen Vorstand und anderen Mitgliedern, den einzelnen Mitgliedern untereinander und so weiter, was der Vorstand beabsichtigen wird. Das steht in demjenigen, was kein Statut ist, was nur die Form von Statuten angenommen hat, was aber eigentlich eine Erzählung von dem ist, was man tun will. Alles war eben anders, als es sonst bei Gesellschaften ist.» Torquay, 12. August 1924

«Also er (der Vorstand) ist nicht eine Vertretung in abstracto, sondern Vertreter der anthroposophischen Sache hier am Goetheanum.»

«Der Vorstand muß klein sein. Deshalb ist auch die Liste hier zu Ende, meine lieben Freunde.»

Dornach, 24. Dezember 1923

Die Funktionäre

«Er (der Vorstand) tritt in Verkehr mit den Funktionären, die von den einzelnen Gruppen gewählt oder ernannt werden.» (Aus Punkt 11 der Prinzipien der Anthroposophischen Gesellschaft.)

«Wie die entstehen, das ist Sache der Statuten der einzelnen Gruppen. Für uns hier wird es sich lediglich darum handeln, daß wir aus Gründen, die wir uns verschaffen werden, vertrauensvoll mit diesen Funktionären werden verhandeln wollen.»

Es wird dann weiter ausgeführt: «Vorstandsmitglieder müssen für die wirkliche, tatsächliche Führung der anthroposophischen Sache solche Persönlichkeiten sein, die hier in Dornach sind. So wie ich mir die Gesellschaft denke, so kann nicht der Vorstand überall in der Welt zusammengesucht werden. Das wird nicht hindern, daß die einzelnen Gruppen sich ihre Funktionäre in ihrer Autonomie wählen. Und wenn diese Funktionäre herkommen hier nach Dornach, werden sie während ihrer Anwesenheit als beratende Mitglieder bei den Vorstandssitzungen aufgenommen werden. Also in die ganze Sache soll Leben hineinkommen, nicht bürokratisch ein in aller Welt zerstreuter Vorstand, sondern für die einzelnen Gruppen verantwortliche Funktionäre, die aus den Gruppen selbst hervorgehen, die aber jederzeit Gelegenheit haben werden, sich im vollsten Maße als gleichberechtigte Mitglieder des Vorstandes, der aber in Dornach lokalisiert ist, zu fühlen. Die Arbeit muß aber von diesem Vorstand in Dornach hier besorgt werden.»

Dornach, 24. Dezember 1923

Zur Frage über einen Generalsekretär: «Die Vertretung gegenüber der Zentrale in Dornach würde ein Generalsekretär besorgen. Wie der zustande kommt, ist dann wiederum Angelegenheit der Landesgesellschaft. Nur setzt es voraus, daß man in Dornach volles Vertrauen hat zu derjenigen Persönlichkeit, die dann die Brücke bildet zu der Zentrale.»

Auf die Frage, ob nicht einfach der Landes-Vorstand zugleich Generalsekretär sein solle, antwortete Rudolf Steiner: «Das macht Schwierigkeiten, wenn man sich nicht an eine Persönlichkeit wenden könnte, sondern immer an eine Direktion. In einer solchen Gesellschaft, wie die anthroposophische ist, kommt es doch immer darauf an, daß man es mit Persönlichkeiten zu tun hat – nicht so sehr mit abstrakten Direktionen, sondern mit Persönlichkeiten, wenn eben die Absicht besteht, eine gewisse Kontinuität herbeizuführen. Der Vorstand – ich weiß nicht, wie es hier ist in Norwegen –, der Vorstand kann ja unter Umständen wechseln, während es eben gut wäre, dieses Amt des Generalsekretärs kontinuierlich zu haben, so daß man auch in der Welt endlich kennenlernen würde: das sind die Generalsekretäre der Anthroposophischen Gesellschaft. Es ist ja praktisch so, daß die schweizerische Gesellschaft ihren Generalsekretär hat in Albert Steffen, die französische Gesellschaft in Mlle Sauerwein; die englische hat wohl noch nicht gewählt, weil sie sich erst konstituieren wird; aber die holländische Gesellschaft hat sozusagen auch schon einen Generalsekretär in Aussicht genommen. Also praktisch tendiert die Sache doch darauf hin, daß man bestimmte Generalsekretäre haben wird.»

Gründungs-Versammlung der «Norwegischen Anthroposophischen Gesellschaft», Kristiania, 17. Mai 1923.

Die Mitglieder

(Die Anthroposophische Gesellschaft muß sich bewußt sein,) «daß sie für jeden Menschen in der Welt, der in seiner Seele die Wege zum Geistigen sucht, da sein muß, daß sie also in dieser Beziehung eine völlig öffentliche Gesellschaft, eine Gesellschaft, die nach außen ganz unbeengt ist, sein muß; so daß man wirklich innerhalb der Anthroposophischen Gesellschaft – ich möchte sagen – nicht engherzig wird sein dürfen in bezug auf die Aufnahme.

Ist dies genügend bekannt, dann wird auch die Anwesenheit dieser oder jener Persönlichkeit, die vielleicht sich nicht sehr gut eignet für die anthroposophische Sache, in der Anthroposophischen Gesellschaft ja keine Schwierigkeiten zu machen brauchen. Nur so lange, als man die Anthroposophische Gesellschaft verantwortlich macht für jede einzelne Persönlichkeit, die drinnen ist, so lange entstehen natürlich Schwierigkeiten. Die Anthroposophische Gesellschaft als solche sollte unbegrenzte Möglichkeiten haben, jedem Menschen das zu geben, was er nach der eben angedeuteten Richtung sucht.»

Dornach, 30. Januar 1924

Zur Konstitution der Hochschule

«Es ist von vornherein zu sagen, daß in der Zukunft ja jedermann, der ein Interesse und eine Sehnsucht nach den spirituellen Welten hat, an die Anthroposophische Gesellschaft wird herankommen können. Man wird sozusagen zu nichts anderm verpflichtet als zu demjenigen, zu dem eigentlich jeder anständig denkende Mensch verpflichtet ist.

Dagegen die Schule, welche den Weg eröffnen soll in die geistigen Welten hinein selber, sie muß ihre sehr seriösen Ansprüche machen. Derjenige, der Mitglied der Schule sein will, muß auch ein wirklicher Repräsentant der anthroposophischen Sache vor der Welt sein.

Nennen Sie das nicht eine Beeinträchtigung der menschlichen Freiheit. Die Freiheit muß ja gegenseitig sein. Derjenige, der ein Mitglied der Schule wird, ist zunächst ein freier Mensch; aber die Leitung der Schule muß auch frei sein. Es muß ihr frei stehen, zu entscheiden, an wen sie die Geistesgüter der Schule heranbringen will. Es ist sozusagen ein spiritueller Vertrag, der zwischen der Leitung der Schule und ihren einzelnen Mitgliedern geschlossen wird. Daher muß sich die Schule auch vorbehalten, wenn es sich herausstellen sollte, daß irgend jemand, der Mitglied der Schule geworden ist, nicht im Einklang mit dem, was die Impulse der Schule geben wollen, handelt, nicht so im Leben handelt, daß er sich als Repräsentant der Schule darstellt, daher muß es der Schule frei stehen, zu entscheiden: der kann nicht mehr Mitglied der Schule sein, oder für eine Zeit nicht mehr Mitglied der Schule sein.»

Torquay, 12. August 1924

Goetheanum-Leitung und Hochschul-Kollegium

Aus der Gründungsversammlung, Weihnachten 1923: «Diese geeigneten Persönlichkeiten, welche die Freie Hochschule für

Geisteswissenschaft in Dornach in einzelnen Sektionen leiten werden, werden zu gleicher Zeit Beiräte sein in dem zu bildenden Vorstande, von dem ich gleich nachher sprechen werde.» «Diese Sektionen werden dann ihre Spezialleiter haben, und das wird das Direktorium der Freien Hochschule für Geisteswissenschaft sein.» Dornach, 25. Dezember 1923

«. . . daß gesagt wird, der Vorstand und die Goetheanum-Leitung sind identisch . . .» Zwischenfrage: Entsteht dadurch ein Widerspruch mit Punkt 7 . . . ?

Rudolf Steiner: «Warum soll da ein Widerspruch entstehen? . . . Es wird hier bestehen als Goetheanum-Leitung der Vorstand, der jetzt gebildet ist; und zu diesem Vorstand werden hinzukommen als Mitberatende die jeweiligen Leiter der einzelnen Sektionen der Freien Hochschule für Geisteswissenschaft. Also das wird in Zukunft die Leitung des Goetheanums sein.»

Zwischenfrage: Ist dieser Vorstand identisch mit dem in § 7 erwähnten?

Rudolf Steiner: «Nein, damit ist er nicht identisch. § 7 bezieht sich auf die Einrichtung der Freien Hochschule für Geisteswissenschaft, die ich vorhin skizziert habe . . . Also der Vorstand ist zunächst der Vorstand der Gesellschaft; das, was in § 7 erwähnt ist, ist die Leitung der Freien Hochschule für Geisteswissenschaft. Das sind zwei Dinge . . . Und die Vorsteher der einzelnen Sektionen, das wird sozusagen das Kollegium der Hochschule sein. Dann wird es den Vorstand der Anthroposophischen Gesellschaft geben, den Sie jetzt kennen, und der sich ergänzen wird aus denjenigen Leitern der einzelnen Sektionen der Freien Hochschule für Geisteswissenschaft, die nicht sonst schon im Vorstande sind.» Dornach, 27. Dezember 1923

«Ich werde dann noch nachher, wenn die Eingliederung des Vorstandes in das Statut zustande kommen wird als letzter Punkt der

Statuten, darüber zu sprechen haben, wie ich mir die Beziehungen des Kollegiums, das die Schule leitet, zu dem Vorstande, der die Anthroposophische Gesellschaft initiativ führt, denke . . »

«Ich möchte jetzt nur noch das erwähnen, daß dieses der für die Gesellschaft verantwortliche Vorstand sein soll, daß aber bei all denjenigen Angelegenheiten, die zusammenhängen mit der Führung der Seele der Anthroposophischen Gesellschaft, der Freien Hochschule für Geisteswissenschaft, Goetheanum, immer zu den Sitzungen und Beratungen zugezogen werden auch diejenigen Leiter einzelner Sektionen des Goetheanums, die nicht im Vorstande sind.» . . .

«Und die Leitung der Schule wird ja im wesentlichen einen großen Teil der Agenzien des Vorstandes gerade bilden, daher auch die Kumulierung, daß die Leiter der Schule zu gleicher Zeit die Mitberatenden des Vorstandes sein werden.»

Dornach, 28. Dezember 1923

Die Klassenmitglieder

«Einsicht muß das Grundelement des Lebens in der Anthroposophischen Gesellschaft sein.

Aber die Anthroposophische Gesellschaft muß ja auch verwaltet werden, das heißt das Lehrgut muß verwaltet werden, und dazu braucht man Menschen. Und an diese Verwaltung des Lehrgutes mußte nun auch gedacht werden gerade durch die Weihnachtstagung. Und die Träger dieser Verwaltung des Lehrgutes müssen im Anschlusse an den gewählten Vorstand und im Anschlusse an die Leitung des Goetheanums diejenigen sein, die sich nun zu den Klassen hinwenden. Denn sehen Sie, um Anthroposophie zu verstehen, braucht man kein Vertrauen. Um Anthroposophie zu verwalten, gehört natürlich das vollste Vertrauen zu demjenigen, der da als Mensch innerhalb der Verwaltung arbeitet. Also da, wo die Klassengliederung beginnt, da beginnt die Atmosphäre des Vertrauens, da muß man wirklich auf Vertrauen bauen. Und ich habe es ja, solange es eine Anthroposophische Gesellschaft gibt, immer wieder gesagt: das ist kein Widerspruch, daß man Anthroposophie nicht auf Autorität hin, nicht auf Vertrauen hin annimmt, sondern auf die Einsicht annimmt, daß man aber die Verwaltung der anthroposophischen Sache nur auf Vertrauen bauen kann.

Diejenigen Persönlichkeiten, die irgend etwas unternehmen, die irgend etwas zu besorgen haben, die irgend etwas zu pflegen haben, denen gegenüber ist es notwendig, daß menschliches Vertrauen herrscht, daß also tatsächlich diese Vertrauensfrage innerhalb der Klasse ebenso ernst genommen wird, wie auf der anderen Seite weitherzig genommen werden muß dasjenige, was Anthroposophische Gesellschaft ist.

Schon aus diesem Grunde ist es notwendig, meine lieben Freunde, daß jeder, der zu den Klassen gehören will, sich auch frägt, ob er denn nun wirklich werden will eine Persönlichkeit, die von vornherein will die anthroposophische Sache vor der Welt nicht nur vertreten, sondern repräsentieren, mit allem Mut und in aller Weise repräsentieren.

Es ist ja tatsächlich so, daß jene esoterische Vertiefung, von der Sie so viel lesen können in meinem Buche «Wie erlangt man Erkenntnisse der höheren Welten?», von der aber auch so viel gesprochen wird, daß jene esoterische Vertiefung nunmehr durch die drei Klassen eintreten soll.

Das wird nicht der Fall sein können, wenn nicht die Angehörigen dieser Klassen sich als wirkliche Repräsentanten der anthroposophischen Sache fühlen, wenn sie sich nicht fragen, ob sie nun auch wirklich das auf sich nehmen wollen, die anthroposophische Sache vor der Welt zu repräsentieren auf irgendeine Weise – selbstverständlich kann sie nicht jeder in ihrer Totalität repräsentieren, das ist auch nicht notwendig, nicht einmal nützlich, – aber in irgendeinem Gebiete zu repräsentieren; dann muß er aber tatsächlich eine Persönlichkeit sein, die sich voll auf den Boden, ich sage jetzt nicht des Vertrauens, das zur Anthroposophie nötig ist, aber des Vertrauens, das zur Verwaltung der anthroposophischen Sache notwendig ist, stellt.»

«In eine Klasse aufgenommen zu werden heißt, daß die Leitung der Anthroposophischen Gesellschaft arbeiten muß mit dem Betreffenden. Die Leiter können nicht versklavt werden. Sie können nicht gezwungen werden, mit denjenigen zu arbeiten, mit denen sie nicht arbeiten wollen, weil sie's nicht können. Daher muß schon die Möglichkeit bestehen – und das ist dasjenige, worauf auch jetzt hingewiesen werden muß –, daß die Weihnachtstagung in vollem Ernst genommen werden muß. Es muß die Möglichkeit bestehen, daß die Leitung der Freien Hochschule für Geisteswissenschaft denjenigen, die nicht sich hineinfinden, Repräsentanten der anthroposophischen Sache zu sein, sagt: du bist in der Allgemeinen Anthroposophischen Gesellschaft selbstverständlich sehr willkommen, aber Mitglied der Klasse kannst du leider nicht sein. Das muß in der Zukunft die Möglichkeit sein. Dies muß im allereminentesten Sinne ernst genommen werden.

Selbstverständlich, meine lieben Freunde, werden diese Dinge aus irgendwelchen Sympathien und Antipathien heraus ja niemals sein; sie werden nicht mit Unernst gemacht werden, aber sie müssen verstanden werden, sie müssen durchaus verstanden werden. So daß also tatsächlich das wird eintreten müssen, wenn von Mitgliedern der Schule einfach gegen die Leitung gehandelt wird, was ich eben angedeutet habe. Nicht wahr, jeder Mensch hat seine Sonderwünsche, der eine will das, der andere will jenes. Kein Mitglied der Anthroposophischen Gesellschaft im allgemeinen kann natürlich verhindert werden, seine Sonderwünsche zu haben. Dadurch würde man eben die Anthroposophische

Gesellschaft zu dem machen, was sie ganz und gar nicht sein soll, zu einer Sekte oder zu einer Geheimgesellschaft. Das darf sie nicht sein.

Nun werden die Klassen ganz und gar auch nicht irgendwie den Charakter einer Geheimgesellschaft tragen; Geheimgesellschaften sind heute nicht möglich, die heutige Zeit verlangt etwas anderes; aber das muß möglich sein, daß die Leitung nur mit denjenigen zusammenarbeitet, mit denen sie zusammenarbeiten kann. Daher wird schon in der Zukunft von denjenigen, die irgendeiner Klasse angehören wollen, verlangt werden müssen, daß sie in bezug auf alles, was anthroposophische Sache ist, sich mit dem Vorstand auseinandersetzen, wenn sie irgend etwas von sich aus tun. Dadurch allein wird es möglich sein, daß der Vorstand sich verantwortlich fühlen kann für die ganze Anthroposophische Gesellschaft. Und er will sich verantwortlich fühlen, und er will für die anthroposophische Sache einstehen.

Also es geht nicht, daß man in der Zukunft kommt und sagt: ach, da machen wir Dinge, die den Vorstand nichts angehen – selbstverständlich kann man sie machen, aber dann kann man nicht den Klassen angehören. Es wird schon notwendig sein, daß auch dieses Prinzip des Zusammenhaltens in der Gesinnung ebenso wesentlich ist in unserer Schule, wie es immer wesentlich war in allen Mysterien. Sonst bleibt unser ganzes anthroposophisches Wesen etwas, was doch nicht zu seinem Ziele kommen kann; denn das sind einfach gesetzmäßige Anforderungen der Sache.

Man kann ja sagen: ich will die anthroposophische Sache zerstören. Gut, das steht natürlich jedem frei. Aber man kann nicht zumuten, daß diejenigen, die die anthroposophische Sache leiten wollen, zugeben, daß nicht die Bedingungen erfüllt werden, die zum Bestande der anthroposophischen Sache notwendig sind.

Ob es nun die Einrichtung einer Gruppe ist, ob es irgend etwas anderes ist, es wird sich darum handeln, daß das wirklich von den Angehörigen der Klasse der Freien Hochschule für Geisteswissenschaft im Einklange mit der Leitung gemacht wird, so daß die Leitung tatsächlich zentralisiert hat diese Leitung der anthroposophischen Sache.»

«Es wird zum Beispiel durchaus zu diesen Verpflichtungen dieses gehören, daß nicht fortdauert dasjenige, was ja schon in einer unglaublichen Weise vielfach eingerissen ist, daß man diejenigen Menschen, die verantwortungsvolle Stellungen in unserer Anthroposophischen Gesellschaft versorgen müssen durch ihre Qualitäten, daß man diese nach allen Seiten hin durchkritisiert. Es ist wirklich leicht zu kritisieren; etwas zu schaffen, ist unendlich viel schwieriger. Es ist sehr leicht zu kritisieren; wenn man, nicht wahr, bequem bei seinem täglichen Leben ist, das in der Versorgung der nur unmittelbar eigenen Angelegenheiten besteht, so kann man leicht den kritisieren, der seinen Tag dazu verwenden muß, um Dinge zu tun, die innerhalb der Anthroposophischen Gesellschaft eben doch geschehen müssen. So also wird tatsächlich eine Gesinnung auch nach dieser Richtung Platz greifen müssen, die darin wird bestehen müssen, daß man vor allen Dingen nachdenkt darüber, was wirklich getan wird in der Anthroposophischen Gesellschaft. Die Frage muß abgelenkt werden, was einem nicht recht ist. Jetzt wird vorzugsweise darüber geredet, was einem nicht recht ist. Aber dasjenige ist die Hauptsache, daß man aufmerksam wird auf das, was getan wird, was wirklich geschieht. Das sollte eigentlich in das Bewußtsein der Mitglieder der Gesellschaft hineinkommen, was wirklich geschieht. Und wenn auch durchaus nicht etwa ein falsches autoritatives Prinzip für die Leitung in Anspruch genommen werden soll, in einer gewissen Beziehung ist es schon richtig, daß die Leitung nicht zurechtkommen kann mit ihrer Aufgabe, wenn jeder, der gar nicht sich kümmert darum, wie die Dinge zustande kommen, nun auch diese Leitung nach allen Richtungen abkanzelt.»

Dornach, 30. Januar 1924

(Aus der Ansprache an die Mitglieder, die sich zu der Ersten Klasse gemeldet hatten.)

«Die heutige Versammlung ist selbstverständlich noch nicht etwas Bindendes, sondern es wird sich darum handeln, daß ja auch von den Freunden, die jetzt dageblieben sind, alle mit sich erst voll zu Rate gehen müssen, um in sich selber zu erforschen, ob sie die Pflichten eines Mitgliedes der Freien Hochschule für Geisteswissenschaft wirklich auf sich nehmen wollen.

Denn sehen Sie, meine lieben Freunde, es muß dasjenige, was oftmals gesagt worden ist als die andere Bedingung für eine solche Vereinigung von Menschen, wie sie hier gemeint ist, von jetzt ab mit vollem Ernst genommen werden. Man hat in vielen Kreisen dasjenige, was mit diesem Ernst gemeint ist, eigentlich bis jetzt doch nicht einmal recht, ich möchte sagen, begonnen zu verstehen.

Wir haben ja die Allgemeine Anthroposophische Gesellschaft, die dem Menschen der Gegenwart eben die Erkenntnisse des Geistes vermittelt. In der kann man sein, wenn man nicht Verpflichtungen auf sich nehmen will. Es ist also wirklich keine besondere Veranlassung dazu da, ohne daß man den Willen hat, wirkliche, ernstliche Verpflichtungen auf sich zu nehmen, über die Anthroposophische Gesellschaft hinauszugehen.

Aber wir brauchen eben einfach einen Kreis von Menschen, der aus dem Exoterischen in das Esoterische hineingeht. Und hineingehen kann man nicht, ohne Verpflichtungen auf sich zu nehmen. Denn gäbe es niemanden, der solche Verpflichtungen auf sich nimmt, dann, meine lieben Freunde, würde Anthroposophie eben nicht bestehen können.

Es handelt sich bei dem, was ich zunächst als die I. Klasse konstituieren möchte, darum, daß das Verhältnis der Leitung zu den einzelnen Mitgliedern gewissermaßen als ein freies Vertragsverhältnis vorgestellt werden muß, aber als ein freies Vertragsverhältnis, das man eben wirklich eingeht. So daß die Leitung eben in keinem Augenblick sich gebunden fühlen kann, irgendwie dasjenige, was in der I. Klasse getrieben werden soll, mit einem Mitgliede zu treiben, wenn das Mitglied eben nicht die Gegenverpflichtung übernimmt.

Also es handelt sich wirklich um ein freies Vertragsverhältnis. Aber das muß man auch ganz ernsthaftig erfassen, daß es sich um ein freies Vertragsverhältnis handelt. Und nur so werden wir zunächst in die wirkliche Esoterik allmählich hineinkommen können.

Vor allen Dingen handelt es sich darum, daß alle Angehörigen der Klasse wirklich auch sich bereit erklären, Repräsentanten sein zu wollen für die Pflege der Anthroposophie in der Welt.

Sehen Sie, der Unterschied desjenigen, was entstanden ist seit Weihnachten, gegenüber dem, was früher da war, der ist ja der, daß früher im Grunde genommen die Anthroposophische Gesellschaft eine Art Verwaltungsgesellschaft war, welche die Anthroposophie aufgenommen hat, der es darauf ankam, einen Rahmen abzugeben für Anthroposophie.

Dasjenige, was jetzt sein muß, ist, daß tatsächlich die Institution, die hier von Dornach ausgeht und vor die Welt sich hinstellt, selber in einer gewissen Weise als eine esoterische Angelegenheit genommen wird. So daß der Vorstand, der zu Weihnachten gebildet worden ist, anzusehen ist von den Mitgliedern der I. Klasse als eine Körperschaft, die unter voller Verantwortlichkeit für die Anthroposophie in der Welt eintritt, daß alles Anthroposophische diesen Vorstand als solchen angeht.

Wenn Sie das in seiner vollen Tiefe nehmen, so werden Sie es eben auch begreiflich finden, daß in der Zukunft für die Dinge, die eigentlich das Leben des Anthroposophischen ausmachen sollen, nicht dasjenige in irgendeiner Weise auftreten darf, was auch wiederum seit Weihnachten schon da oder dort aufgetreten ist: zum Beispiel konnte man hören, wie Menschen doch wiederum das Wort gefunden haben: Ach, wir machen da etwas für uns – damit gehen wir nicht an den Vorstand heran. Warum sollen wir uns da erst um den Vorstand kümmern!

Ja, meine lieben Freunde, die Mitglieder der I. Klasse müssen dann in der Zukunft erleben, daß, wenn irgend jemand etwas Anthroposophisches machen will ohne den Vorstand, dann der Vorstand auch seine Sachen ohne sie wird machen wollen.

Das ist natürlich etwas, was ich nicht aussprechen würde in der Allgemeinen Anthroposophischen Gesellschaft. Aber das ist eben dasjenige, was in jenem freien Vertragsverhältnis liegt, das zwischen den Mitgliedern der I. Klasse und dem Vorstande bestehen muß. Der Vorstand muß also durchaus, wenn irgend jemand für irgendeine Angelegenheit, die er vertreten will vor der Welt, Anthroposophie repräsentieren will, ohne sich mit dem Vorstand in Verbindung zu setzen, auch seinerseits sagen: also wird auch er seine Angelegenheiten ohne den Betreffenden formen wollen.

Nicht wahr, es ist dies ja eine besondere Form. Man kann diese Form, die ich da in diese Worte kleide, auch noch anders zum Ausdruck bringen. Aber es ist nur auf diese Weise zu erreichen, daß wirklich ein einheitliches Leben gerade in all das hineinkommt, was die Schule betrifft.

Sehen Sie, dadurch werden wir dazu kommen wirklich für Anthroposophie den nötigen Ernst allmählich zu gewinnen. Und wir werden einen Grundstock von Menschen dann haben können, die sich wirklich mit verantwortlich fühlen für dasjenige, was durch Anthroposophie geschehen soll. Wir werden vor allen Dingen dadurch die Möglichkeit haben, keine Cliquen mehr unter uns zu haben. Denn dasjenige, was uns ungeheuer geschadet hat, das ist eben das Cliquenbedürfnis, das Entstehen von Cliquen. Wir werden auch keine Eigenbrödeleien haben können. Die werden, wenn sie sich schon durchaus geltend machen wollen, in der Anthropsophischen Gesellschaft sich geltend machen können. Aber bei denjenigen, die den Klassen angehören, wird das eben unmöglich sein, weil sie dann, wenn sie irgendwie so handeln, eben nicht mehr der Klasse angehören werden.

Das sind die Dinge, die nun wirklich in allem Ernste einmal bedacht werden müssen. So daß gerade dadurch, daß einmal die Dinge bei uns wenigstens so ernst genommen werden, wie sie da oder dort in der Welt ernst genommen werden für – nicht Ähnliches, wie es die Anthroposophie ist, aber für manche andere Dinge – . . . dadurch einmal das auch bei uns wirklich eintritt. Ohne das hätte eigentlich die ganze Neubegründung der Gesellschaft, wie sie zu Weihnachten vorgenommen worden ist, gar keinen Sinn.»

Dornach, 3. Februar 1924

4

Statuten der Allgemeinen Anthroposophischen Gesellschaft

Seit 1925 handelsregisterlich eingetragene Vereinsstatuten der Allgemeinen Anthroposophischen Gesellschaft

§ 1. Unter dem Namen *Allgemeine Anthroposophische Gesellschaft* besteht als Rechtsnachfolgerin des Vereins des Goetheanums, der Freien Hochschule für Geisteswissenschaft, in Dornach ein Verein im Sinne des Art. 60 ff. des Schweiz. Z.G.B. Sitz des Vereins ist Dornach (Kanton Solothurn), Schweiz.[229]

§ 2. Die Allgemeine Anthroposophische Gesellschaft umfaßt 4 Unterabteilungen, und zwar:
a) Die Administration der Anthroposophischen Gesellschaft.
b) Den Philosophisch-Anthroposophischen Verlag.
c) Die Administration des Goetheanum-Baues.
d) Das Klinisch-Therapeutische Institut in Arlesheim.

§ 3. Zweck des Vereins ist die Pflege künstlerischer und wissenschaftlicher Bestrebungen.

§ 4. Organe des Vereins sind:
a) Die Mitglieder- oder Generalversammlung.
b) Der Vorstand.
c) Die Rechnungsrevisoren.

§ 5. Mitglieder des Vereins sind:
a) die ordentlichen,
b) die beitragenden.

§ 6. Die Mitgliedschaft wird erworben, gestützt auf eine

schriftliche Anmeldung, durch die Aufnahme seitens des Vorstandes.

§ 7. Der Austritt eines Mitgliedes erfolgt durch eine schriftliche dem Vorstand einzureichende Austrittserklärung. Durch Beschluß des Vorstandes kann ein Mitglied ohne Angabe von Gründen aus dem Verein ausgeschlossen werden.

§ 8. Die ordentlichen und die beitragenden Mitglieder haben jährlich einen Beitrag von mindestens 15 Schweizer Franken zu leisten. Die beitragenden Mitglieder haben zudem per Jahr noch einen Beitrag von mindestens 50 Schweizerfranken zu bezahlen.

§ 9. Der Verein hält jedes Jahr eine ordentliche Generalversammlung ab, und zwar innert 3 Monaten nach Ablauf des Rechnungsjahres. Die Tagesordnung zu dieser Versammlung wird mit der Einladung allen Mitgliedern mindestens *zwei Wochen* vor Abhaltung der Versammlung vom Vorstand im Mitteilungsblatt der Gesellschaft oder auf andere Art bekannt gegeben.

Außerordentliche Versammlungen werden durch den Vorstand einberufen oder durch denselben auf Begehren eines Fünftels der Mitglieder angeordnet. Die Einladungen sind *8 Tage* vor der Abhaltung zu erlassen. Anträge von einzelnen Mitgliedern oder Gruppen von solchen sind vierzehn Tage vor der Tagung dem Vorstande einzureichen.

§ 10. In der Mitgliederversammlung führt einer der beiden Vorsitzenden den Vorsitz. Diesem steht bei Stimmengleichheit der Stimmenentscheid zu.

§ 11. Der Vorstand besteht aus dem 1. und 2. Vorsitzenden, dem Schriftführer, dem Sekretär-Schatzmeister und zwei Beisitzern. Derselbe wird von der Generalversammlung aus der Zahl der Mitglieder gewählt.

§ 12. Zur Prüfung der Rechnungs- und Kassaführung wählt die Generalversammlung zwei Rechnungsrevisoren.

§ 13. Der Vorstand vertritt den Verein nach außen. Die rechtsverbindliche Unterschrift namens des Vereins führen der erste und der zweite Vorsitzende, der Schriftführer, der Sekretär-Schatzmeister, jeder durch *Einzelunterschrift*.

§ 14. Die Geschäftsführung des Vorstandes wird durch diesen selbst geregelt.

§ 15. In der ordentlichen Generalversammlung legt der Vorstand über die abgelaufene Verwaltungsperiode Bericht und Rechnung ab. Dem Bericht und den Rechnungen ist der Befund der Rechnungsrevisoren beizufügen.

Die Verwaltungsperiode des Vereins wird je auf ein Jahr festgesetzt. Sie dauert vom 1. Januar bis 31. Dezember.

§ 16. Für die Verbindlichkeiten des Vereins haftet nur das Vereinsvermögen. Eine persönliche Haftung der Mitglieder ist ausgeschlossen. Ausgetretene und ausgeschlossene Mitglieder verlieren jeden Anspruch am Vereinsvermögen.

§ 17. Der Verein ist im Sinne des Art. 61 des Schweiz. Z.G.B. im Handelsregister einzutragen.

§ 18. Im Falle der Auflösung des Vereins hat die Mitgliederversammlung über die Verwendung des Vereinsvermögens und die Art der Liquidation zu beschließen. Das Vereinsvermögen ist im Sinne des Vereinszweckes zu verwenden.

Auf der Generalversammlung, April 1935 werden die §§ 3, 6, 10, 11 und 13 in folgender Weise verändert:

§ 3. Zweck des Vereins ist die Pflege künstlerischer, wissenschaftlicher und erzieherischer Bestrebungen, insbesondere die Erhaltung des Goetheanum als Freie Hochschule für Geisteswissenschaft. Er lehnt jedes sektiererische Bestreben ab. Die Politik betrachtet er als nicht in seiner Aufgabe liegend.[230]

§ 6. Die Mitgliedschaft wird erworben, gestützt auf eine schriftliche Anmeldung, durch die Aufnahme seitens des Vorstandes durch Unterzeichnung der Mitgliedskarte durch den Vorsitzenden.

§ 10. Die Mitgliederversammlung wird von dem Vorsitzenden oder einem von ihm bestimmten Leiter präsidiert. Dem Vorsitzenden, bzw. bei dessen Abwesenheit, dem Versammlungsleiter, steht bei Stimmengleichheit der Stichentscheid zu.

§ 11. Der Vorstand besteht aus mindestens drei Mitgliedern. Die Wahl des Vorsitzenden und Veränderungen in der Besetzung des Vorstandes geschehen auf Vorschlag des Vorstandes durch Zustimmung der Generalversammlung.

§ 13. Der Vorstand vertritt den Verein nach außen. Die rechtsverbindliche Einzelunterschrift namens des Vereins führt der Vorsitzende allein. Er ist berechtigt, anderen Vorstandsmitgliedern generell oder für bestimmte Arbeitsbereiche Handlungsvollmacht mit Einzelunterschrift zu erteilen.

Zur Änderung des § 3: Die neue Fassung übernimmt dem Sinne und teilweise dem Wortlaute nach aus den Punkten 4 und 9 der Prinzipien Bestimmungen, die den Zweck der Allgemeinen Anthroposophischen Gesellschaft vor der Öffentlichkeit hinlänglich charakterisieren sollen. Es sprechen hier Erfahrungen mit, die im Laufe eines Jahrzehntes im Verkehr mit Publikum und in- und ausländischen Behörden gesammelt wurden.

Zur Änderung des § 6: Dieser behält den von der vorjährigen Generalversammlung beschlossenen Wortlaut bei. Durch ihn wird die bisherige Fassung in Einklang mit den Bestimmungen gebracht, die Rudolf Steiner im Jahrgang I Nr. 2 des Mitteilungsblattes gegeben hat.

Zur Änderung des § 10: Die Neufassung gibt den tatsächlichen Vorgang bei den Generalversammlungen wieder.

Zur Änderung des § 11: Absatz 1 hebt die feststehende Zahl der Vorstandsmitglieder auf und verzichtet auf die Bezeichnung von deren Ämtern mit Ausnahme des Vorsitzenden. Der Gedanke ist, daß nicht bestimmte Ämter zu besetzen sind, sondern daß sich die Zahl der Vorstandsmitglieder nach derjenigen der Persönlichkeiten, die zur Erfüllung der Vorstandsfunktionen qualifiziert sind, und nach den Notwendigkeiten der Gesellschaft zu richten hat.

Absatz 2 ersetzt die alte Fassung im Sinne des tatsächlichen Zustandekommens des Vorstandes an der Weihnachtstagung 1923.

Zur Änderung des § 13: Die neue Fassung ergibt sich aus der veränderten des § 11, in dem nur mehr ein Mitglied des Vorstandes, nämlich der Vorsitzende, mit einer besonderen Funktion bezeichnet ist. Es bleibt also nur die Möglichkeit, daß er allein, oder aber, was nie beabsichtigt war, daß überhaupt jedes Vorstandsmitglied Einzelunterschrift führt. Die praktisch einzig mögliche Lösung ist die erstere, daß der Vorsitzende zunächst allein Einzelunterschrift führt, aber anderen Vorstandsmitgliedern im notwendigen Umfange Unterschrift erteilt.

Die Antragsteller sind der Ansicht, daß in den vorliegenden Änderungen eine weitgehende Angleichung der Statuten an die Prinzipien erreicht ist. Damit sind auch die Gründe, warum dieser Antrag vorgelegt wird, ausgesprochen. Seine Annahme wird ein weiterer Schritt dazu sein, das Leben in der Allgemeinen Anthroposophischen Gesellschaft immer mehr an den Geist der von Rudolf Steiner gegebenen Prinzipien anzugleichen.

Änderung der handelsregisterlich eingetragenen Vereinsstatuten der Allgemeinen Anthroposophischen Gesellschaft anläßlich der Generalversammlung, April 1965

1. Unter dem Namen «Allgemeine Anthroposophische Gesellschaft» besteht ein Verein nach Art. 60 ff. des Schweiz. ZGB mit dem Sitz in Dornach. Der Verein (im nachfolgenden Gesell-

schaft genannt) ist gemäß Art. 61 des Schweiz. ZGB im Handelsregister eingetragen.[231]

2. Die Allgemeine Anthroposophische Gesellschaft umfaßt als Unterabteilungen:

a) die Administration der Anthroposophischen Gesellschaft,
b) den Philosophisch-Anthroposophischen Verlag,
c) die Administration des Goetheanumbaues.

3. Die Gesellschaft verfolgt ihre Aufgaben und Ziele im Sinne der ihr von Rudolf Steiner gegebenen und an der Gründungstagung zu Weihnachten 1923 von dem Mitgliedern angenommenen Prinzipien. Diesen Aufgaben entsprechend, obliegt ihr die Pflege künstlerischer, wissenschaftlicher und erzieherischer Bestrebungen, insbesondere die Erhaltung des Goetheanums als freie Hochschule für Geisteswissenschaft in Dornach.

4. Die Aufnahme als Mitglied erfolgt durch den Vorstand, gestützt auf einen schriftlich gestellten Antrag. Man ist Mitglied geworden in dem Augenblick, in dem der Vorsitzende der Allgemeinen Anthroposophischen Gesellschaft die Mitgliedskarte unterzeichnet hat.

Die Mitglieder können sich auf jedem örtlichen oder sachlichen Felde zu Gruppen zusammenschließen, die ihre Organe selbst ernennen. Der Vorstand tritt mit diesen in Verkehr, um vom Goetheanum aus dasjenige an sie heranzubringen, was er als Aufgabe der Gesellschaft ansieht.

Die Führung des Namens «Anthroposophische Gesellschaft», auch in Verbindung mit anderen Bezeichnungen durch die Gruppen, setzt das Einverständnis des Vorstandes der Allgemeinen Anthroposophischen Gesellschaft voraus.

5. Der Austritt eines Mitgliedes erfolgt durch eine schriftliche, dem Vorstand einzureichende Austrittserklärung.

Durch Beschluß des Vorstandes kann ein Mitglied ohne Angabe von Gründen aus der Gesellschaft ausgeschlossen werden.

6. Organe des Vereins «Allgemeine Anthroposophische Gesellschaft» sind:

a) die Generalversammlung,

b) der Vorstand,

c) die Rechnungsrevisoren.

7. Die Gesellschaft hält jeweils innert sechs Monaten nach Jahresbeginn im Goetheanum eine ordentliche Generalversammlung ab. Den Termin teilt der Vorstand im Januar mit. Die vom Vorstand festgesetzte Tagesordnung wird mit der Einladung an alle Mitglieder sechs Wochen vor der Generalversammlung im Nachrichtenblatt der Gesellschaft oder auf andere Art bekanntgegeben.

Außerordentliche Generalversammlungen werden vom Vorstand oder durch diesen auf Begehren eines Fünftels der Mitglieder einberufen. Die Tagesordnung mit der Einladung zu einer außerordentlichen Generalversammlung wird drei Wochen vor der Abhaltung mitgeteilt.

Anträge von einzelnen Mitgliedern oder Gruppen von solchen zur ordentlichen Generalversammlung müssen mindestens acht Wochen vorher beim Vorstand eintreffen. Anträge zu den bekanntgegebenen Traktanden der Generalversammlungen sollen spätestens eine Woche vor deren Beginn vorliegen.

8. Die Generalversammlung wird vom Vorsitzenden der Gesellschaft oder dem von ihm bestimmten Leiter präsidiert. Dem Vorsitzenden, bzw. bei dessen Abwesenheit dem Versammlungsleiter, steht bei Stimmengleichheit der Stichentscheid zu.

Die Beschlüsse der Generalversammlung sind in einem Protokoll festzuhalten, das im Nachrichtenblatt der Gesellschaft veröffentlicht wird.

9. In der ordentlichen Generalversammlung berichtet der Vorstand über die Arbeit und legt die Rechnung des vergangenen Jahres vor. Der Befund der Rechnungsrevisoren ist der Generalversammlung mitzuteilen.

10. Der Vorstand vertritt die Gesellschaft nach außen. Die rechtsverbindliche Einzelunterschrift namens der Gesellschaft führt der Vorsitzende. Er kann Einzelzeichnungberechtigung an andere Vorstandsmitglieder erteilen.

11. Zur Prüfung der Rechnungs- und Kassaführung wählt die Generalversammlung zwei Rechnungsrevisoren und einen Suppleanten.

12. Die Gesellschaft wird von einem Initiativvorstand geleitet. Er besteht aus mindestens drei Mitgliedern. Die Ernennung des Vorsitzenden und die Ergänzung des Vorstandes geschehen auf Vorschlag des Vorstandes durch Zustimmung der Generalversammlung.

Die Verteilung der Aufgaben innerhalb des Vorstandes und seine Geschäftsführung sind durch ihn selbst zu regeln.

13. Die Gesellschaft beschafft sich ihre Mittel aus Mitgliederbeiträgen, Spenden, Legaten, Eintrittsgeldern, Vermögenserträgnissen und dergleichen, ferner aus den Einkünften des Philosophisch-Anthroposophischen Verlages und der Wochenschrift «Das Goetheanum».

Der Mitgliederbeitrag wird durch Beschluß der Generalversammlung bestimmt.

14. Publikationsorgan ist die Wochenschrift «Das Goetheanum», die zu diesem Ziele mit einer Beilage versehen ist, in der die offiziellen Mitteilungen der Gesellschaft enthalten sind.

15. Für die Verbindlichkeiten der Gesellschaft haftet nur das Vereinsvermögen. Eine persönliche Haftung der Mitglieder ist ausgeschlossen.

Ausgetretene und ausgeschlossene Mitglieder verlieren jeden Anspruch an das Vereinsvermögen.

16. Im Falle der Auflösung der Gesellschaft hat die Generalversammlung über die Verwendung des Vereinsvermögens und die Art der Liquidation zu beschließen. Das Vereinsvermögen ist im Sinne der Aufgaben der Gesellschaft zu verwenden.

17. Diese Statuten wurden durch die Generalversammlung vom 17. April 1965 genehmigt und in Kraft gesetzt. Sie ersetzen diejenigen vom 14. April 1935.

5
Chronologische Übersicht: Der Vorstand der Allgemeinen Anthroposophischen Gesellschaft 1923/24 – 1984

1924 – 1925:	Rudolf Steiner
(Gründungs-	Albert Steffen
Vorstand)	Marie Steiner-von Sivers
	Ita Wegman
	Elisabeth Vreede
	Guenther Wachsmuth
1925 – 1935:	Albert Steffen
	Marie Steiner-von Sivers
	Ita Wegman
	Elisabeth Vreede
	Guenther Wachsmuth
1935 – 1948:	Albert Steffen
	Marie Steiner-von Sivers
	Guenther Wachsmuth
1949 – 1956:	Albert Steffen
	Guenther Wachsmuth
	Hermann Poppelbaum
	Wilhelm Lewerenz
1956 – 1958:	Albert Steffen
	Guenther Wachsmuth

	Hermann Poppelbaum
	Karl von Baltz
	Rudolf Grosse
1958 – 1962:	Albert Steffen
	Guenther Wachsmuth
	Hermann Poppelbaum
	Rudolf Grosse
1962:	Albert Steffen
	Guenther Wachsmuth
	Hermann Poppelbaum
	Rudolf Grosse
	Louis Locher-Ernst
1963 Ostern:	Albert Steffen
	Hermann Poppelbaum
	Rudolf Grosse
	Friedrich Hiebel
	Margarethe Kirchner-Bockholdt
	Herbert Witzenmann
1963 – 1966:	Hermann Poppelbaum
	Rudolf Grosse
	Friedrich Hiebel
	Margarethe Kirchner-Bockholdt
	Herbert Witzenmann
1966 – 1973:	Rudolf Grosse
	Friedrich Hiebel
	Margarethe Kirchner-Bockholdt
	Herbert Witzenmann (ab Herbst 1971 Beurlaubung)

	Werner Berger
	Hagen Biesantz
1973 – 1975:	Rudolf Grosse
	Friedrich Hiebel
	(Herbert Witzenmann)
	Werner Berger
	Hagen Biesantz
1975 – 1977:	Rudolf Grosse
	Friedrich Hiebel
	(Herbert Witzenmann)
	Werner Berger
	Hagen Biesantz
	Jörgen Smit
	Manfred Schmidt-Brabant
1977 – 1978:	Rudolf Grosse
	Friedrich Hiebel
	(Herbert Witzenmann)
	Werner Berger
	Hagen Biesantz
	Jörgen Smit
	Manfred Schmidt-Brabant
	Gisela Reuther
1978 – 1984:	Rudolf Grosse
	Friedrich Hiebel
	(Herbert Witzenmann)
	Hagen Biesantz
	Jörgen Smit
	Manfred Schmidt-Brabant
	Gisela Reuther

Anmerkungen und Literaturhinweise

Die Werke RUDOLF STEINERS sind erschienen in der Gesamtausgabe im Rudolf Steiner Verlag, Dornach. Sie werden in der Folge ohne Titel nach der Ordnungsnummer der Gesamtausgabe (GA) genannt.

1 Allgemeines zur Geschichte der Theosophischen Gesellschaft:

H. R. FISCHER: ‹100 Jahre Theosophische Gesellschaft›, Calw 1974.

K. H. FRICK: ‹Licht und Finsternis›, Teil I: Gnostisch-theosophische und freimaurerisch-okkulte Geheimgesellschaften bis an die Wende zum 20. Jahrhundert. Teil II: Geschichte ihrer Lehrer, Rituale und Organisationen, Graz 1978.

J. L. FROHMEYER: ‹Die Theosophische Bewegung, ihre Geschichte, Darstellung und Beurteilung›, Calw 1920.

J. LANTIER: ‹La Theosophie ou l'Invasion de la Spiritualité orientale›, Paris 1970.

2 W. KINGSLAND: ‹The Real H. P. Blavatsky›, London 1928.

3 Deutsche Übersetzung: H. P. BLAVATSKY: ‹Isis entschleiert. Ein Meisterschlüssel zu den alten und modernen Mysterien, Wissenschaft und Theologie›, Nachdruck der Ausgabe von 1907, Den Haag 1971.

4 GA 258.

5 Deutsche Übersetzung: H. P. BLAVATSKY: ‹Die Geheimlehre›, 3 Bände: I Kosmogenesis, II Anthropogenesis, III Esoterik und 1 Band Generalregister, Ulm 1970.

6 Zu Rudolf Steiners Lebensgang und -Werk erschienen zahlreiche Darstellungen, die ein differenziertes Bild des Menschen und seines Werkes geben; in der Folge ist eine Auswahl der unter ver-

schiedenen Gesichtspunkten verfaßten Schriften gegeben, deren Zusammenschau einen deutlichen Eindruck zu geben vermag.

R. STEINER: ‹Mein Lebensgang›, Autobiographie bis in die ersten Jahre des 20. Jahrhunderts (GA 28).

F. W. ZEYLMANS VAN EMMICHOVEN: ‹Rudolf Steiner›, Stuttgart 1961.

F. POEPPIG: ‹Rudolf Steiner, der große Unbekannte›, Wien 1960.

G. WACHSMUTH: ‹Rudolf Steiners Erdenleben und Wirken. Von der Jahrhundertwende bis zum Tode. Die Geburt der Geisteswissenschaft.› Dornach 1964.

S. RIHOUET-COROZE: ‹Une Biographie de Rudolf Steiner. Une épopée de l'esprit au XXe siècle›, Paris 1973.

E. BOCK: ‹Rudolf Steiner. Studien zu seinem Lebensgang und Lebenswerk›, Stuttgart 1967.

G. WEHR: ‹Rudolf Steiner. Wirklichkeit, Erkenntnis und Kulturimpuls›, Freiburg 1982.

S. O. PROKOFIEFF: ‹Rudolf Steiner und die Grundlegung der neuen Mysterien›. Stuttgart 1982.

7 Siehe zu K. J. Schröer: GA 20.

8 GA 1.

9 GA 2.

10 GA 28, Kapitel VI.

11 GA 3.

12 GA 28, Kapitel VI.

13 GA 29–32.

14 GA 4.

15 GA 5.

16 GA 30 und GA 38. Eine persönliche Begegnung Rudolf Steiners und Ernst Haeckels fand 1894 statt.

17 GA 6.

18 GA 28, Kapitel XXIV.

19 GA 18.

20 GA 28, Kapitel XXII.

21 GA 28, Kapitel XXVI.

22 GA 30.

23 GA 7.

24 GA 8.

25 J. MÜCKE, A. RUDOLPH: ‹Erinnerungen an Rudolf Steiner und seine Wirksamkeit an der Arbeiter-Bildungsschule in Berlin 1899–1904›, Basel 1955.

26 Allgemein: Steiner-Biographien (siehe Anmerkung 6). GA 28, GA 258, GA 251, GA 262.

27 Zu F. Eckstein. GA 28, Kapitel IX. GA 38.

G. WEHR: ‹Rudolf Steiner. Wirklichkeit, Erkenntnis und Kulturimpuls›, a.a.O., S. 76.

28 GA 258, S. 36 f.

29 Zu Marie Steiner-von Sivers Leben und Werk:
‹Aus dem Wirken Marie Steiners›, Dornach 1951.
‹Aus dem Leben von Marie Steiner-von Sivers›, Biographische Beiträge und eine Bibliographie, herausgegeben von H. WIESBERGER, Dornach 1956.

M. SAVITCH: ‹Marie Steiner von Sivers, Biographie›, Dornach 1965.
GA 262.
F. POEPPIG: ‹Marie Steiner, Ein Leben im Dienste der Wiedergeburt des Wortes›, Basel 1949.

‹Marie Steiner – Ihr Weg zur Erneuerung der Bühnenkunst durch die Anthroposophie. Eine Dokumentation›, Dornach 1973.

‹Marie Steiner – Briefe und Dokumente›, Dornach 1981.

30 GA 28, Kapitel XXXI.

31 ‹Aus dem Leben von Marie Steiner-von Sivers›, a.a.O., S. 13 f.

32 C. SCHNEIDER: ‹Edouard Schuré. Seine Lebensbegegnung mit Rudolf Steiner und Richard Wagner›, Schaffhausen 1971.

33 ‹Aus dem Leben von Marie Steiner-von Sivers›, a.a.O., S. 22.

34 GA 9.

35 GA 10, im Zusammenhang mit Fragen zur Esoterik sei hingewiesen auf GA 93a.

36 GA 34.

37 GA 13.

38 GA 39.

39 GA 28, Kapitel XXXII.

40 Ebenda.

41 BOCK, ‹Studien . . .›, a.a.O., S. 196.

42 GA 28, Kapitel XXXII.

43 GA 28, Kapitel XXXVI.

44 GA 28, Kapitel XXXVIII.

45 Zur Sprachgestaltung: GA 280, 281, 282.

46 GA 262, S. 74.

47 GA 284.

48 GA 99.

49 GA 109, S. 140 ff.

50 GA 100.

51 Da die Christologie das gesamte Vortragswerk Rudolf Steiners durchzieht, seien hier nur diejenigen Zyklen oder Zusammenstellungen genannt, die grundlegend und vorzüglich sich mit dieser beschäftigen: GA 103, 104, 112, 114, 116, 117, 122, 123, 124, 139, 142, 155, 175, 200, 211.

52 GA 118, 130, 131, 148, 149, 152.

53 GA 94, 102, 105, 110, 113, 119, 132, 136.

54 G. WEHR, a.a.O., S. 222 f.

55 BOCK, ‹Studien . . .›, a.a.O., S. 199.

56 GA 28, S. 331.

57 E. SCHURÉ: ‹Das heilige Drama von Eleusis›, Dornach 1939.

R. STEINER, E. SCHURÉ: ‹Lucifer – Die Kinder des Lucifer›, Dornach 1955. Siehe auch GA 43.

58 GA 14.

59 Vier Mysteriendramen; GA 14. Daran anschließende Zyklen: GA 122, 129, 138, 147.

60 ‹Aus dem Leben von Marie Steiner-von Sivers›, a.a.O., S. 64 ff.

61 Zur Baugeschichte des ersten Goetheanum: Nachrichtenblatt: ‹Was in der Anthroposophischen Gesellschaft vorgeht›: 16. 9. 1928, 23. 9. 1928. A. STRAKOSCH, ‹Wie der Baugedanke zum Goetheanum in München entstand.›

62 Zur Eurythmie siehe GA 277, 277a, 278, 279.

63 ‹Aus dem Leben von Marie Steiner-von Sivers›, a.a.O., S. 72; 217.

Ferner ‹Mitteilungen für die Mitglieder der deutschen Sektion der Theosophischen Gesellschaft›, herausgegeben von M. Scholl, Cöln, März 1912, Nr. XIII.

64 W. HÜBBE-SCHLEIDEN: ‹Denkschrift über die Abtrennung der Anthroposophischen Gesellschaft von der Theosophischen Gesellschaft›, Leipzig 1913.

65 Allgemein: Steiner Biographien (siehe Anm. 6), ferner: GA 253 und GA 255/56.

E. LEINHAS: ‹Aus der Arbeit mit Rudolf Steiner›, Basel 1975.

A. BELYI: ‹Verwandeln des Lebens›, Basel 1975.

66 Zu der Rede des Hilarius aus dem 1. Bild des dritten Mysteriendramas und deren Umarbeitung zur Eröffnung des 1. Goetheanum siehe:
F. COLOZZA: ‹Heute und Hier›, Dornach 1952.

67 Von diesem Vortragszyklus existiert keine Nachschrift. Zu dem Wort ‹Anthroposophie› vgl. GA 21, S. 13 und GA 35, S. 176.

68 M. STEINER: Vorwort zu ‹Rudolf Steiner. Studienmaterial aus den Sitzungen des 30er Kreises›, Dornach 1947.

69 M. MORGENSTERN: ‹Michael Bauer – ein Bürger beider Welten›, München 1950.

K. v. WISTINGHAUSEN (Hersg.): ‹Michael Bauer – Menschentum und Freiheit›, Stuttgart 1971.

70 C. UNGERS gesammelte Schriften in 3 Bänden, siehe Bibliographie.

71 Siehe Anhang 2.

72 Vgl. GA 245, S. 121 ff.

R. GROSSE: ‹Die Weihnachtstagung als Zeitenwende›, Dornach 1976.

S. O. PROKOFIEFF: ‹Rudolf Steiner und die Grundlegung der neuen Mysterien›, Stuttgart 1982.

73 M. STEINER: Vorwort zu der Schriftenreihe ‹Kunst im Lichte der Mysterienweisheit› (Dornach 1928) in GA 275, S. 13.

74 Die Bauzeit in Dornach und das dortige Leben in den Jahren bis 1916 ist ausführlich dargestellt in

A. BELYI: ‹Verwandeln des Lebens›, a.a.O.

Zum Hochschulkurs vgl. E. LEINHAS, a.a.O., S. 93 ff.

75 GA 21.

76 Die Literatur zur Dreigliederung ist zu umfangreich, um in diesem Rahmen angeführt zu werden. Grundlegend: GA 23 und GA 24.

Ideelles und Geschichtliches findet sich übersichtlich in: H. KÜHN: ‹Dreigliederungszeit. Rudolf Steiners Kampf für die Gesellschaftsordnung der Zukunft›, Dornach 1977.

77 Z. B. LEINHAS, a.a.O., S. 73 f.

78 Abgedruckt u.a. in GA 24.

79 Die aus den pädagogischen Anregungen Rudolf Steiners entstandene Schulbewegung umfaßt heute mehr als 300 Schulen in der ganzen Welt; eine umfangreiche Literatur steht dem Interessierten sowie dem erzieherisch Praktizierenden zur Verfügung. Hier sei nur hingewiesen auf Steiners grundlegende Intentionen in: GA 293, 294, 295, welche dem ersten Lehrerkollegium neben ihrer anthroposophischen Vorbildung als Arbeitsgrundlage dienten.

80 Ausführlich in: E. LEINHAS, a.a.O.

H. KÜHN: ‹Dreigliederungszeit›, a.a.O.

81 Ebenso wie zur Dreigliederung und Waldorf-Pädagogik besteht eine umfangreiche Literatur zur Idee und Praxis der Christengemeinschaft. Die von Steiner gehaltenen Priesterkurse bilden die interne Arbeitsgrundlage und sind nicht veröffentlicht.

Die übrige Literatur erscheint zum bedeutenden Teil im Verlag Urachhaus, Stuttgart.
Ferner erscheint hier die Zeitschrift ‹Die Christengemeinschaft›.

Grundlegend: F. RITTELMEYER: ‹Meine Lebensbegegnung mit Rudolf Steiner›, Stuttgart 1980.

82 GA 219, S. 168.

83 GA 320.

84 GA 299.

85 GA 312.

Vgl. a. ‹Ita Wegmans Lebenswirken aus heutiger Sicht›, Arlesheim 1976.

86 Allgemein:
Steiner Biographien, siehe Anmerkung 6.

‹Rudolf Steiner und die Zivilisationsaufgaben der Anthroposophie, ein Rückblick auf das Jahr 1923›, Dornach 1943. GA 257, GA 258.

Von einem bestimmten Standpunkt ausgehend, als Quellensammlung dennoch interessant für die Zeit von 1923–1935:

L. KOLISKO: ‹Eugen Kolisko, ein Lebensbild, zugleich ein Stück Geschichte der Anthroposophischen Gesellschaft› Gerabronn-Crailsheim 1961.

87 ‹Aus dem Leben von Marie Steiner-von Sivers›, a.a.O., S. 90 ff.

Zu K. Walther siehe: A. BELYJ, a.a.O., S. 288 ff.

88 L. KOLISKO, a.a.O.

89 GA 260a, S. 712.

90 G. WACHSMUTH: ‹Rudolf Steiners Erdenleben und Wirken›, a.a.O.

91 E. LEINHAS: ‹Aus der Arbeit mit Rudolf Steiner›., a.a.O.

R. MAIKOWSKI: ‹Schicksalswege auf der Suche nach dem lebendigen Geist›, Freiburg 1980.

92 GA 257, S. 157.

93 GA 219, Vortrag vom 30. 12. 1922.

94 GA 219, Anhang und GA 257, Vortrag 27. 2. 1923.

‹Marie Steiner-von Sivers – Briefe und Dokumente›, a.a.O.

M. HÜTTIG, A. HÜTTIG: ‹Zum Verhältnis von Anthroposophie und Christengemeinschaft›, Tübingen 1982.

95 M. STEINER: ‹Rudolf Steiner. Studienmaterial aus den Sitzungen des Dreißigerkreises›, Dornach 1947.

96 GA 257, 27. 2. 1923, 28. 2. 1923.

Ferner: L. KOLISKO, a.a.O.

97 GA 232.

98 E. VREEDE: ‹Zur Geschichte der Anthroposophischen Gesellschaft seit der Weihnachtstagung 1923›.
GA 260a, S. 18.

99 Der Versuch, die Weihnachtstagung in der ihr angemessenen Ausführlichkeit zu schildern, würde den Rahmen dieser Darstellung sprengen. Es wird daher an dieser Stelle ganz besonders auf die folgende Literatur hingewiesen:

Allgemein:
Steiner-Biographien, siehe Anmerkung 6.
Besonders: S. O. PROKOFIEFF, ‹Rudolf Steiner und die Grundlegung der neuen Mysterien›.

GA 260 und GA 260a.

F. W. ZEYLMANS VAN EMMICHOVEN: ‹Der Grundstein›, Stuttgart 1971.

R. GROSSE: ‹Die Weinachtstagung als Zeitenwende›, Dornach 1981.

100 Landesgesellschaften bestehen zu diesem Zeitpunkt in:
Australien, Belgien, Dänemark, Deutschland, England, Estland, Finnland, Frankreich, Holland, Norwegen, Österreich, Schweden, Schweiz, Tschechoslowakei, U.S.A.

Einzelgruppen:
Argentinien, Brasilien, Danzig, Honolulu, Italien, Lettland, Neuseeland, Polen.

Einzelmitglieder:
Zentralafrika, Bolivien, Bulgarien, Chile, Griechenland, Java, Ju-

goslawien, Kanada, Luxemburg, Peru, Portugal, Rumänien, Spanien, Ungarn.

101 GA 233.

102 GA 260.

103 GA 240, Vortrag vom 12. 8. 1924.

104 Zitat Rudolf Steiner: GA 260a, S.108 f., Zitat Marie Steiner-von Sivers: GA 260, S. 13 f.

105 Z. B. GA 240, Vortrag vom 18. 7. 1924; GA 240, Vortrag vom 24. 8. 1924.

106 A. Steffen: ‹Geistesschulung und Gemeinschaftsbildung›, Dornach 1974.

107 Bis 1933: ‹Das Goetheanum, Internationale Wochenschrift für Anthroposophie und Dreigliederung›.

1933–35: ‹Das Goetheanum, Wochenschrift für Anthroposophie und Dreigliederung›.

Seit 1935: ‹Das Goetheanum. Wochenschrift für Anthroposophie›.

108 Die Werke Albert Steffens erscheinen im Verlag für schöne Wissenschaften, Dornach. Verantwortlich ist die Albert Steffen Stiftung, Dornach.

109 Zu A. Steffen siehe:

A. Petersen: ‹Albert Steffens Sendung›, Dornach 1954.

R. Meyer: ‹Albert Steffen, Künstler und Christ›, Stuttgart 1963.

110 GA 27.

111 GA 260a, S. 716 ff.

112 ‹Ita Wegmans Lebenswirken aus heutiger Sicht›, Arlesheim 1976.

‹Erinnerungen an I. Wegman, Arlesheim 1945.

M. Kirchner-Bockholdt: ‹Die Menschheitsaufgabe Rudolf Steiners und Ita Wegmans›, Dornach 1981.

113 GA 260, S. 52.

114 ‹Elisabeth Vreede, Ein Lebensbild›, Arlesheim 1976.

115 GA 260, S. 52.

116 Die Werke G. Wachsmuths sind im Philosophisch-Anthroposophischen Verlag, Dornach, erschienen.

117 Zitat: GA 26, S. 13.
GA 26

118 Z. B. GA 233a und 234.

119 GA 240, Vortrag vom 18. 7. 1924.

120 GA 120 und GA 126.

121 GA 235–240.

122 Pädagogik: GA 308, 309, 310, 311; Medizin: GA 316, 318; Kunst: GA 278, 279, 282.

Für die Priester der Christengemeinschaft hält Steiner einen Kursus über die Apokalypse.

123 GA 347–354.

124 GA 327.

A. GRAF VON KEYSERLINGK (Hersg.): ‹Koberwitz 1924. Geburtsstunde einer neuen Landwirtschaft.›, Stuttgart 1974.

125 GA 317.

K. VIERL, S. PICKERT (Hersg.): ‹Kulturimpuls der anthroposophischen Heilpädagogik›, Bingenheim-Echzell (Verlag das Seelenpflege-bedürftige Kind).

‹Ita Wegmans Lebenswirken aus heutiger Sicht›, a.a.O.

126 Nachrichtenblatt ‹Was in der Anthroposophischen Gesellschaft vorgeht› vom 19. 10. 1924, in GA 260a, S. 400.

127 Nachrichtenblatt ‹Was in der Anthroposophischen Gesellschaft vorgeht› vom 22. 3. 1925.

Auf sich an dieses Faktum anschließende Schwierigkeiten wird in der Folge hingewiesen (Kapitel X).

128 Worte zum Tode Rudolf Steiners von:

I. WEGMAN: ‹An die Freunde›, Arlesheim 1968.

A. STEFFEN. Nachrichtenblatt: ‹Was in der Anthroposophischen Gesellschaft vorgeht› vom 12. 4. 1925; 5. 7. 1925.

M. STEINER: ‹Aus dem Leben Marie Steiner-von Sivers'›, S. 111 f.

129 Allgemein:
Die Entwicklungen und Vorgänge in der Allgemeinen Anthroposophischen Gesellschaft nach 1925 sind ausgesprochen vielschichtig. Es liegen uns Schilderungen aus deutlich pointierten Gesichtswinkeln vor, die jeweils nur Teilaspekte beleuchten. Grundsätzlich muß für die Zeit seit 1924 als erste Quelle hingewiesen werden auf die wöchentlich erscheinende Nachrichtenblatt-Beilage zum Goetheanum ‹Was in der Anthroposophischen Gesellschaft vorgeht.› (In der Folge Nbl abgekürzt, unter Angabe des Erscheinungsdatums.)

Als gegenseitig sich in ihren Gesichtspunkten ergänzend sollen genannt sein:

L. KOLISKO: ‹E. Kolisko, ein Lebensbild, zugleich ein Stück Geschichte der Anthroposophischen Gesellschaft›, a.a.O.

‹Denkschrift über Angelegenheiten der Anthroposophischen Gesellschaft in den Jahren 1925–1935›, Dornach 1935 (in den fünfziger Jahren aus dem Verkehr gezogen).

F. POEPPIG: ‹Rückblick auf Erlebnisse, Begegnungen und Persönlichkeiten in der anthroposophischen Bewegung 1923–1963›, Basel 1964.

E. LEINHAS: ‹Einige Gesichtspunkte zum Verständnis der Vorgänge in der Anthroposophischen Gesellschaft und Bewegung nach Rudolf Steiners Tod›, Stuttgart 1963.

130 Eine Ahnung von dem Angestrebten ergibt sich besonders deutlich durch die ‹Briefe an die Mitglieder› Rudolf Steiners, die im Nbl 1924/25 veröffentlicht wurden (GA 260a, I).

131 GA 260, S. 14.

132 ‹Marie Steiner – Briefe und Dokumente›, a.a.O., S. 89 ff.

133 I. WEGMAN: ‹An die Freunde›, a.a.O.

134 Zu der Frage von Erkenntnis- oder Offenbarungs-Charakter der Anthroposophie siehe:
H. E. LAUER: ‹Erkenntnis und Offenbarung in der Anthroposophie›, Basel 1958.

135 ‹Denkschrift 1925–35›, a.a.O., S. 44.
Steffen im Nbl 15. 4. 1956.
L. Kolisko, a.a.O., S. 104, S. 453.

136 Nbl 3. 5. 1925.

137 ‹An die Freunde›, a.a.O.

Nbl 28. 6. 1925.

138 E. ZEYLMANS: ‹Willem Zeylmans, ein Pionier der Anthroposophie›, Arlesheim 1979.

F. W. ZEYLMANS VAN EMMICHOVEN: ‹Entwicklung und Geisteskampf 1923–1935›, Den Haag 1935.

139 Daniel Nicol Dunlop (1868–1935)
1930–35 Generalsekretär der Anthroposophischen Gesellschaft in England.

George Kaufmann-Adams (1894–1963)
übersetzte Vorträge, Gespräche, Konferenzen Rudolf Steiners in England und Dornach in freier Rede. Schriftübersetzungen.

140 ‹Denkschrift 1925–1935›, a.a.O., S. 35.

141 Z. B., Nbl. 17. 5. 1925
Erklärung der deutschen Landesgesellschaft.

142 Laut Statuten ist ein 1. Vorsitzender zu benennen.

143 ZEYLMANS: ‹Entwicklung und Geisteskampf 1923–35›, a.a.O., S. 33 ff.

‹Denkschrift 1925–35›, a.a.O., S. 29 ff.

L. KOLISKO: a.a.O., S. 116 ff.

144 L. KOLISKO, a.a.O., S. 122 ff.
Denkschrift 1925–35, a.a.O., S. 36 ff.

145 ‹M. Steiner, Briefe und Dokumente›, a.a.O., S. 127 ff.

146 H. POPPELBAUM: ‹Aus der Geschichte der Anthroposophischen Gesellschaft seit 1925›, Hamburg 1934.

E. VREEDE: ‹Zur Geschichte der Anthroposophischen Gesellschaft seit der Weihnachtstagung 1923›, Arlesheim 1935.

147 Schilderungen einiger dieser Generalversammlungen
L. Kolisko, a.a.O.

148 L. KOLISKO, a.a.O., S. 237 f.

E. LEINHAS: ‹Zur gegenwärtigen Lage in der Anthroposophischen Gesellschaft und wie es dazu kam›, Dornach 1953, S. 26.

‹Mitteilungen des Vorstandes der Anthroposophischen Gesellschaft in Deutschland›, Dezember 1930, Nr. 4/5.

149 L. KOLISKO, a.a.O., S. 280.

150 L. KOLISKO, a.a.O., S. 284.

151 Beispielsweise: Nbl 19. 4. 1931, Nbl 17. 1. 1932, Nbl 1. 5. 1932.

152 Generalversammlung 1934, Wortprägung H. E. Lauers.

153 Nbl 22. 4. 1934, ebenfalls über die Generalversammlung 1934 in L. Kolisko a.a.O., S. 332 ff.

154 Nbl 22. 4. 1934. Gründungsmitteilung: gezeichnet von den ‹Vereinigten Freien Anthroposophischen Gruppen›,
D.N. Dunlop, G. Kaufmann, F. W. Zeylmans, P. J. de Haan, J. von Grone, E. Kolisko, E. Vreede.

Antwort des Vorstandes: gezeichnet von A. Steffen, M. Steiner, G. Wachsmuth.

155 ‹Denkschrift 1925–1935›, a.a.O.

156 Nbl 17. 3. 1935.

157 Nbl 12. 5. 1935.

158 Nbl 28. 4. 1935.
Schilderung des Verlaufes der Generalversammlung in: Nbl 12. 5. 1935, Nbl 19. 5. 1935 sowie L. Kolisko, a.a.O., S. 370 ff.

159 Allgemein: (siehe Anm. 129).

‹M. Steiner – Briefe und Dokumente›, a.a.O.

K. DAY/H. WERTH: ‹Rückblick›, Dornach 1948.

F. POEPPIG: ‹Rückblick auf Erlebnisse, Begegnungen und Persönlichkeiten in der anthroposophischen Bewegung 1923–1963.›, a.a.O.

160 Zum Spielplan vergleiche: ‹Aus dem Wirken von Marie Steiner›, Dornach 1951.

161 Ansprache A. Steffens am 3. 9. 1939 anläßlich der katastrophalen Zeitereignisse.

Nbl 10. 9. 1939.
Auch in ‹Geistesschulung u. Gemeinschaftsbildung›, a.a.O., S. 404.

162 F. POEPPIG: ‹Rückblick›, a.a.O., S. 134.

163 Dokumente dazu bei der R. Steiner Nachlaßverwaltung.

164 Siehe Steffens Werk, besonders Tagebuchaufzeichnungen.

165 Generalversammlung 1928: Nbl 11. 3. 1928 und Nbl 18. 3. 1928.

166 GA 260a.

167 J. STUTEN: ‹Tatsachenbericht I›, Dornach 1945.

K. DAY/H. WERTH: ‹Rückblick›, a.a.O.

J. STREIT: ‹Beiträge zu einer Bereinigung wesentlicher Gesellschaftskonflikte› in ‹Mitteilungen der Anthroposophischen Vereinigung in der Schweiz, Nr. 74›.

J. BÜHLMANN: ‹Was im Zeitenlauf geschah› Bern 1979.

168 Brief M. Steiners an A. Steffen vom 4. 8. 1945, (Auszug in: F. Poeppig, ‹Rückblick›, S. 135).

169 Nbl 20. 12. 1942
‹Marie Steiner – Briefe und Dokumente›, a.a.O., S. 147.

170 Ebenda, S. 175 f.

171 Ebenda, S. 177 ff.
M. STEINER: ‹Welches sind die Aufgaben des Nachlaß-Vereins?›, Dornach 1945.

172 ‹Marie Steiner – Briefe und Dokumente›, a.a.O., S. 153.

173 J. BÜHLMANN, a.a.O., S. 15.

M. STEINER: ‹Kurzer Überblick über die Konflikte am Goetheanum seit 1925, zugleich eine Angabe der Richtung, in der ihre Lösung gefunden werden könnte.›

FRÄNKL, AISENPREIS: ‹Memorandum in der Nachlaßfrage›, Dornach 1946.

174 Der Kraussbrief findet sich u.a. in: J. BÜHLMANN, a.a.O., S. 17.

175 J. BÜHLMANN, a.a.O., S. 18.

176 Zur Idee der Föderation siehe: MARIE STEINER ‹Kurzer Überblick über die Konflikte . . .›, a.a.O.

177 J. STUTEN: ‹Tatsachenbericht II›, Dornach 1946.

178 Brief A. Steffens zur Generalversammlung 1946: in DAY, WERTH: ‹Rückblick›, a.a.O., S. 80.

179 Ausführliche Schilderung der Generalversammlung 1947 in: DAY, WERTH: ‹Rückblick›, a.a.O., S. 87 ff.

Allgemein zu den 1947 in gewisser Weise kulminierenden Problemen siehe auch Nbl 4. 5. 1947: Brief Steffens an Wachsmuth. (24. 8. 1947), 7. 9. 1947 und 12. 10. 1947 A. Steffen zu den Ereignissen 1947. (21. 9. 1947), (5. 10. 1947), (26. 10. 1947), (7. 12. 1947).

E. LEINHAS: ‹Aus meinem Dornacher Tagebuch›, Stuttgart 1947.

180 F. GÖTTE: ‹Zur Bücherfrage, Versuch einer Besinnung auf das Notwendige›, Calw 1964.

‹M. Steiner – Briefe und Dokumente›, a.a.O., S. 225–317.

181 Ebenda, S. 166.

182 Nbl 18. 4. 1948.

183 Allgemein: siehe Anm. 129.

Neben dem Nachrichtenblatt ‹Was in der Anthroposophischen Gesellschaft vorgeht› ist zu verweisen auf die ‹Mitteilungen aus der Anthroposophischen Bewegung›, herausgegeben von der ‹Anthroposophischen Vereinigung in der Schweiz› sowie auf die von H. E. Lauer seit 1949 herausgegebenen ‹Blätter für Anthroposophie› und die ‹Nachrichten der Rudolf Steiner Nachlaßverwaltung›.

Ferner K. DAY/H. WERTH: ‹Sine Nefas›, Dornach 1951.

E. LEINHAS: ‹Zur gegenwärtigen Lage in der Anthroposophischen Gesellschaft und wie es dazu kam‹, a.a.O.

F. GÖTTE: ‹Zur Bücherfrage›, a.a.O.

F. WILKEN: ‹Zur Wiedergeburt der Anthroposophischen Gesellschaft›, Freiburg 1969.

184 J. BÜHLMANN, a.a.O., S. 50.

185 Nbl 8. 8. 1948, Nbl 19. 9. 1948, Nbl 7. 11. 1948.

186 J. BÜHLMANN: a.a.O., S. 54 ff.
Nbl 7. 11. 1948.

187 Nbl 1. 5. 1949 und Nbl 22. 5. 1949.

188 Als Beispiel einer nach dieser Auffassung möglichen Lebensform der Hochschule siehe:

H. E. LAUER: ‹Memorandum zu einer Neugestaltung der Anthroposophischen Gesellschaft und der Freien Hochschule für Geisteswissenschaft› (Archiv der Rudolf Steiner Nachlaßverwaltung).

189 Kaufvertrag vom 16. 12. 1925 u.a. in ‹Sine Nefas›, a.a.O., S. 162.

190 Vereinbarung vom 31. 8. 1925, ebenda, S. 161 sowie dazu in ‹Mitteilungen aus der Anthroposophischen Bewegung›, Nr. 46, Michaeli, 1969.

Nbl 19. 3. 1950.

191 Zu dem Prozeß: Berichte über die Generalversammlungen im Nbl 1950–56.

A. EGGER: ‹Die Wege der richterlichen Rechtsfindung›, Dornach 1952.

H. W. ZBINDEN: ‹Zu einem Rechtsgutachten›, Schaffhausen 1954.

‹Wege und Ergebnis einer sachlichen richterlichen Rechtsfindung›, Sonderheft der ‹Nachrichten der Rudolf Steiner Nachlaßverwaltung›, März 1953.

192 ‹Konstanzer Verhandlungen und Vorschläge› in:
‹Nachrichten der Rudolf Steiner Nachlaßverwaltung›, Heft 4, Oktober 1954.

193 Beispielsweise in: Nbl 29. 1. 1950 und Nbl 12. 2. 1950.
1955 durch Generalversammlungs-Beschluß, nach der Urheberrechtsänderung (Verlängerung der Schutzfrist um 20 Jahre): Nbl 18. 12. 1955. Nbl 15. 4. 1956.

194 Nbl 29. 4. 1956 über die medizinische Sektion.

195 Nbl 4. 11. 1956, Nbl 29. 12. 1956, Nbl 20. 1. 1957.

196 Nbl 3. 2. 1957.

197 Beispielsweise Nbl 22. 4. 1956.

198 Nbl 9. 6. 1957.

199 Nbl 30. 11. 1958.

200 Nbl 28. 2. 1960.

201 Nbl 21. 1. 1962, Nbl 10. 2. 1963.

202 Nbl 13. 5. 1962, Nbl 26. 8. 1962, Nbl 2. 9. 1962.

203 Nbl 21. 4. 1963, Nbl 28. 4. 1963.

204 Nbl 27. 10. 1963.

205 Allgemein: siehe Anm. 183.

206 Nbl 5. 5. 1968.

207 H. Poppelbaum am 28. 12. 1963, Nbl 12. 1. 1964.

208 R. Grosse, Generalversammlung 1969, Nbl 4. 5. 1969.

209 Nbl 18. 2. 1968.

210 Nbl 19. 1. 1964.

211 Nbl 22. 5. 1966.
Zur Camphill Bewegung, Nbl 16. 8. 1970.

212 Nbl 5. 5. 1963, 15. 12. 1963, 3. 5. 1964, 17. 5. 1964, 21. 2. 1965, 7. 3. 1965, 9. 5. 1965.

Ferner:

J. W. ERNST: ‹Über den Ursprung der sogenannten Allgemeinen Anthroposophischen Gesellschaft›, Malsch 1980.

Derselbe: ‹Kriterien Anthroposophischer Gemeinschaftsbildung. Die soziale Schöpfung Rudolf Steiners›, o.O., 1980.

R. SAACKE: ‹Der 8. 2. 1925›, Hamburg 1980.

213 Nbl 4. 7. 1965, Nbl 1. 5. 1966, Nbl 8. 5. 66. Zum Lebenslauf H. Poppelbaums siehe Nbl 5. 8. 79.

214 Nbl 29. 1. 1968.

F. WILKEN: ‹Zur Wiedergeburt der Anthroposophischen Gesellschaft›, Freiburg 1969.

215 Zitat: Nbl 18. 2. 1968, S. 30.

Zu dem Beschluß: Nbl 18. 2. 1968.

216 Zitat: H. WITZENMANN: ‹Die Prinzipien der Allgemeinen Anthroposophischen Gesellschaft›, Dornach 1984, S. 44.

Nbl 18. 2. 1968, Nbl 5. 5. 1968, Nbl 19. 5. 1968.

217 ‹Mitteilungen des Arbeitskreises zur geistgemäßen Durchdringung der Weltlage› vom 3. 4. 1968.

Nbl 17. 11. 1968, Nbl 1. 12. 1968.

218 Nbl 9. 5. 1971, Nbl 2. 7. 1971.

219 Nbl 16. 1. 1972, Nbl 6. 2. 1972.

220 Zur Generalversammlung 1972 siehe: Nbl 16. 4. 1972 ff., Nbl 2. 7. 1972, Nbl 9. 7. 1972 ff.

221 Nbl 7. 3. 1971, Nbl 4. 4. 1971, Nbl 3. 3. 1974.

222 Zur Entstehung siehe ‹Korrespondenz, Zeitschrift für freie Jugendarbeit und Sozialorganik›, Juli 1983.

Zu den durch die Haltung H. Witzenmanns in Erscheinung tretenden Problemen siehe ferner: Generalversammlung 1979 Nbl 6. 5. 1979, Nbl 24. 6. 1979, Nbl 8. 7. 1979 f.
‹Im Vertrauen auf Verständnis› in:
Mitteilungen des Arbeitskreises zur geistgemäßen Durchdringung der Weltlage, vom 1. 3. 1972, Nr. 22.

H. WITZENMANN: ‹Vergangenheitsschatten und Zukunftslicht›, o.O., 1972.

‹Im Bemühen um Klärung› in: Mitteilungen des Arbeitskreises zur geistgemäßen Durchdringung der Weltlage, vom 1. 4. 1973, Nr. 27.

H. WITZENMANN: ‹Die Prinzipien der Allgemeinen Anthroposophischen Gesellschaft›, a.a.O.

223 Nbl 6. 4. 1975, Nbl 27. 4. 1975, Nbl 4. 5. 1975, Nbl 18. 5. 1975.

224 Nbl 29. 5. 1977.

225 Nbl 22. 7. 1979, Nbl 21. 10. 1979 ff.

226 ‹Ziele und Aufgaben der Theosophischen Gesellschaft›, o.O., o.J. (Bibliothek des Arbeitszentrums NRW der Anthroposphischen Gesellschaft in Deutschland).

227 ‹Entwurf der Grundsätze einer Anthroposophischen Gesellschaft›,

Berlin 1912 (Bibliothek d. Arbeitszentrums NRW der Anthroposophischen Gesellschaft in Deutschland).

228 Anhang 3 in dieser Zusammenstellung in NBl 17. 2. 57.

229 GA 260a, S. 560 ff.

230 Nbl 17. 3. 1935, S. 43 f.

Nbl 28. 4. 1935.

231 Nbl 7. 3. 1965

Nbl 9. 5. 1965.

Bibliographie

Zu den Werken Rudolf Steiners vgl. Vorbemerkung zu den Anmerkungen; außerdem: drei Übersichtsbände zur Rudolf Steiner-Gesamtausgabe:

I Bibliographische Übersicht, Dornach 1984
II Sachwort- und Namensregister der Inhaltsangaben, Dornach 1980
III Inhaltsangaben, Dornach 1982.

BAUER, M.: ‹Christian Morgensterns Leben und Werk›, München 1948.

BELYJ, A.: ‹Verwandeln des Lebens›, Basel 1975.

BIESANTZ, H., A. KLINGBORG: ‹Das Goetheanum›, Dornach 1978.

BLAVATSKY, H. P.: ‹Isis entschleiert›, Den Haag 1971.

‹Die Geheimlehre›, Ulm 1970.

BOCK, E.: ‹Rudolf Steiner, Studien zu seinem Lebensgang und Lebenswerk›, Stuttgart 1961.

BÜHLMANN, J.: ‹Was im Zeitenlauf geschah. Zur Gründung der Anthroposophischen Vereinigung in der Schweiz›, Bern 1979.

CALGREN, F.: ‹Rudolf Steiner und die Anthroposophie›, Dornach 1968.

COLOZZA, F.: ‹Heute und Hier. Eine Gegenüberstellung der beiden Hilarius-Reden von Dr. Rudolf Steiner›, Dornach 1952.

DAY, K., H. WERTH: ‹Rückblick›, Dornach 1948.

‹Sine Nefas›, Dornach 1951.

‹Denkschrift über Angelegenheiten der Anthroposophischen Gesellschaft in den Jahren 1925–1935›.

EGGER, A.: ‹Wege der richterlichen Rechtsfindung›, Dornach 1952.

ERNST, J. W.: ‹Kriterien Anthroposophischer Gemeinschaftsbildung. Die soziale Schöpfung Rudolf Steiners›, o.O., 1980.

‹Über den Ursprung der sogenannten Allgemeinen Anthroposophischen Gesellschaft›, Malsch 1980.

FISCHER, H.: ‹100 Jahre Theosophische Gesellschaft›, Calw 1974.

FRÄNKL-LUNDBORG, O., E. AISENPREIS: ‹Memorandum in der Nachlaßfrage›, Dornach 1946.

FRICK, K. H.: ‹Licht und Finsternis›, Graz 1978.

FROBÖSE, E.: ‹Aus dem Wirken von Marie Steiner›, Dornach 1951.

FROHMEYER, J. L.: ‹Die Theosophische Bewegung. Ihre Geschichte, Darstellung und Beurteilung›, Calw 1920.

GÄDEKE, W.: ‹Die Christengemeinschaft›, Berlin 1980.

GÖTTE, F.: ‹Zur Bücherfrage. Versuch einer Besinnung auf das Notwendige›, Calw 1964.

GROSSE, R.: ‹Die Weihnachtstagung als Zeitenwende›, Dornach 1981.

‹Das Wesen Anthroposophie›, Dornach 1982.

HEMLEBEN, J.: ‹Rudolf Steiner in Selbstzeugnissen und Bilddokumenten›, Reinbek 1963.

HIEBEL, F.: ‹Albert Steffen. Die Dichtung als schöne Wissenschaft›, Bern 1975.

‹Rudolf Steiner im Geistesgang des Abendlandes›, Stuttgart 1985².

HILLRINGHAUS, F. H.: ‹Die Verantwortlichkeit des Anthroposophen gegenüber der Anthroposophischen Bewegung›, Freiburg 1977.

HÜBBE-SCHLEIDEN, W.: ‹Denkschrift über die Abtrennung der Anthropsophischen Gesellschaft von der Theosophischen Gesellschaft›, Leipzig 1913.

HÜTTIG, M. u. A.: ‹Zum Verhältnis von Anthroposophie und Christengemeinschaft›, Tübingen 1982.

HUSEMANN, G., J. TAUTZ (Hrsg.).: ‹Der Lehrerkreis um Rudolf Steiner in der ersten Waldorfschule 1919–1925›, Stuttgart 1977.

‹Jahrbücher der Anthroposophischen Gesellschaft in Deutschland›.

JENSEN, O.: ‹Zur Verantwortung der Anthroposophischen Gesellschaft gegenüber den Forderungen der Zeit. Das spirituelle Prinzip der Weihnachtstagung.›, Frankfurt 1978.

JÜLICH, H.: ‹In Gegensätzen miteinander. Ein Grundproblem anthroposophischer Gemeinschaftsbildung›, Freiburg 1954.

KEMPER, C.: ‹Der Bau. Studien zur Architektur und Plastik des ersten Goetheanum.› Stuttgart 1974.

KEYSERLINGK, A. Graf von (Hersg.): ‹Koberwitz 1924›, Stuttgart 1974.

KINGSLAND, W.: ‹The Real H. P. Blavatsky›, London 1928.

KIRCHNER-BOCKHOLDT, M. u. E.: ‹Die Menschheitsaufgabe Rudolf Steiners und Ita Wegmans›, Dornach 1981.

KOLISKO, L.: ‹Eugen Kolisko, ein Lebensbild. Zugleich ein Stück Geschichte der Anthroposophischen Gesellschaft›, Crailsheim 1961.

KRÜCK VON POTURZYN, M. (Hrsg.): ‹Wir erlebten Rudolf Steiner›, Stuttgart 1977.

KÜHN, H.: ‹Dreigliederungszeit, Rudolf Steiners Kampf für die Gesellschaftsordnung der Zukunft›, Dornach 1978.

KUGLER, W.: ‹Rudolf Steiner und die Anthroposophie›, Köln 1978.

LANTIER, J.: ‹La Theosophie ou l'invasion de la spiritualité orientale›, Paris 1970.

LAUER, H. E.: ‹Erkenntnis und Offenbarung in der Anthroposophie›, Basel 1958.

‹Memorandum zur Neugestaltung der Anthroposophischen Gesellschaft und der Freien Hochschule für Geisteswissenschaft›.

LEHRS, E.: ‹Gelebte Erwartung›, Stuttgart 1979.

LEINHAS, E.: ‹Aus der Arbeit mit Rudolf Steiner›, Basel 1950.

‹Einige Gesichtspunkte zum Verständnis der Vorgänge in der Anthroposophischen Gesellschaft und Bewegung nach Rudolf Steiners Tod›, Stuttgart 1963.

‹Aus meinem Dornacher Tagebuch›, Dornach 1947.

‹Zur gegenwärtigen Lage in der Anthroposophischen Gesellschaft und wie es dazu kam›, Dornach 1953.

LIEVEGOED, B. C. J.: ‹Mysterienströmungen in Europa und die neuen Mysterien›, Stuttgart 1981.

MAIKOWSKI, R.: ‹Schicksalswege auf der Suche nach dem lebendigen Geist›, Freiburg 1980.

MANEN, H. P. VAN: ‹Christussucher und Michaeldiener›, Dornach 1980.

MEYER, R.: ‹Albert Steffen, Künstler und Christ›, Stuttgart 1963.

MORGENSTERN, M.: ‹Michael Bauer, ein Bürger beider Welten›, München 1950.

MÜCKE, J., A. RUDOLPH: ‹Erinnerungen an Rudolf Steiner und seine Wirksamkeit in der Arbeiterbildungsschule in Berlin 1899–1904›, Basel 1979.

PICKERT, S.: ‹50 Jahre Heilpädagogischer Kurs›, Dornach 1975.

POEPPIG, F.: ‹Rudolf Steiner Der große Unbekannte›, Wien 1960.

‹Rückblick auf Erlebnisse, Begegnungen und Persönlichkeiten in der Anthroposophischen Bewegung 1923–1963›, Basel 1964.

‹Schicksalswege zu Rudolf Steiner. Erinnerungen – Begegnungen – Erlebnisse›, Stuttgart 1955.

‹Abenteuer meines Lebens›, Schaffhausen 1976.

‹Marie Steiner›, Basel 1949.

POPPELBAUM , H.: ‹Aus der Geschichte der Anthroposophischen Gesellschaft seit 1925›, Hamburg 1934.

PROKOFIEFF, S. O.: ‹Rudolf Steiner und die Grundlegung der neuen Mysterien›, Stuttgart 1982.

RIHOUET-COROZE, S.: ‹Biographie de Rudolf Steiner›, Paris 1973.

RITTELMEYER, F.: ‹Meine Lebensbegegnung mit Rudolf Steiner›, Stuttgart 1980.

‹Aus meinem Leben›, Stuttgart 1937.

SAACKE, R.: ‹Der 8. Februar 1925›, Hamburg 1980.

SAVITSCH, M.: ‹Marie Steiner-von Sivers, Mitarbeiterin von Rudolf Steiner›, Dornach 1965.

SCHNEIDER, C.: ‹Edouard Schuré›, Freiburg 1971.

SCHÜHLE, E.: ‹Entscheidung für das Christentum. F. Rittelmeyer, Leben und Werk›, Stuttgart 1969.

STEFFEN, A.: Hinweis auf das Gesamtwerk, erschienen im Verlag für schöne Wissenschaften, Dornach.

STEINER VON SIVERS, M.: ‹Die Anthroposophie Rudolf Steiners. Einleitungen und Vorworte zu Erstveröffentlichungen von Rudolf Steiners Werken›, Dornach 1947.

‹Erinnerungen I›, Dornach 1949.
‹Erinnerungen II›, Dornach 1952.

‹Kurzer Überblick über die Konflikte am Goetheanum seit 1925, zugleich eine Angabe der Richtung, in der ihre Lösung gefunden werden könnte›, Dornach 1946.

STUTEN, J.: ‹Tatsachenbericht I›, Dornach 1945.

‹Tatsachenbericht II›, Dornach 1946.

UNGER, C.: ‹Schriften Band I›, Stuttgart 1963.

‹Schriften Band II›, Stuttgart 1966.

‹Schriften Band III. Aus der Sprache der Bewußtseinsseele. Unter Zugrundelegung der Leitsätze Rudolf Steiners›, Stuttgart 1971.

VIERL, K., S. PICKERT (Hersg.): ‹Kulturimpuls der anthroposophischen Heilpädagogik›, Bingenheim, o.J.

VREEDE, E.: ‹Zur Geschichte der Anthroposophischen Gesellschaft seit der Weihnachtstagung 1923›, Arlesheim 1935.

‹Ein Lebensbild›, Arlesheim 1976.

WACHSMUTH, G.: ‹Rudolf Steiner. Erdenleben und Wirken. Die Geburt der Geisteswissenschaft›, Dornach 1964.

WEGMAN, I.: ‹An die Freunde›, Arlesheim 1968.
‹Ita Wegmans Erdenwirken aus heutiger Sicht›, Arlesheim 1976.
‹Erinnerungen an I. Wegman›, Arlesheim 1968.

WEHR, G.: ‹Rudolf Steiner. Wirklichkeit, Erkenntnis und Kulturimpuls›, Freiburg 1982.

WIESBERGER, H.: ‹Aus dem Leben von Marie Steiner-von Sivers›, Dornach 1956.

‹Marie Steiner, Briefe und Dokumente›, Dornach 1981.

WILKEN, F.: ‹Zur Wiedergeburt der Anthroposophischen Gesellschaft›, Freiburg 1969.

WISTINGHAUSEN, K. VON (Hrsg.): ‹Michael Bauer. Menschentum und Freiheit›, Stuttgart 1971.

WITZENMANN, H.: ‹Die Prinzipien der Allgemeinen Anthroposophischen Gesellschaft als Lebensgrundlage und Schulungsweg›, Dornach 1984.

ZBINDEN, H. W.: ‹Zu einem Rechtsgutachten›, Schaffhausen 1954.

ZEYLMANS VAN EMMICHOVEN, F. W.: ‹Rudolf Steiner›, Stuttgart 1961.

‹Der Grundstein›, Stuttgart 1971.

‹Entwicklung und Geisteskampf 1923-1935›, Den Haag 1935.

ZEYLMANS VAN EMMICHOVEN, E.: ‹Willem Zeylmans, ein Pionier der Anthroposophie›, Arlesheim 1979.

Zeitschriften:

Beilage zu Das Goetheanum: Was in der Anthroposopischen Gesellschaft vorgeht.

Mitteilungen aus der Anthroposophischen Arbeit in Deutschland.

Blätter für Anthroposophie.

Mitteilungen aus der Anthroposophischen Bewegung.

Beiträge zur Rudolf Steiner Gesamtausgabe,
früher: Nachrichten der Rudolf Steiner Nachlaßverwaltung.

Mitteilungen des Arbeitskreises zur geistgemäßen Durchdringung der Weltlage.

Korrespondenz. Zeitschrift für freie Jugendarbeit und Sozialorganik.

Goetheanum. Freie Hochschule für Geisteswissenschaft. Ausblicke auf die Arbeitsjahre.

Anregungen zur anthroposophischen Arbeit

8 **Mysterienströmungen in Europa und die neuen Mysterien**
von *Bernhard C. J. Lievegoed*
2. Auflage, 87 Seiten, kartoniert.

9 **Das Rosenkreuzertum als Mysterium der Trinität**
von *Georg Adams*
aus dem Englischen von Thomas Meyer, 80 Seiten, kartoniert.

10 **Das anthroposophische Studium**
von *Erhard Fucke*
87 Seiten, kartoniert.

11 **Rudolf Steiner und die Grundlegung der neuen Mysterien**
von *Sergej O. Prokofieff*
aus dem Russischen von Ursula Preuß,
2. Auflage, 493 Seiten, kartoniert.

12 **Sozial-Kunst und ihre Quellen**
von *Leo de la Houssaye*
80 Seiten, kartoniert.

13 **Zur medizinischen Menschenkunde Rudolf Steiners**
von *Heinz Herbert Schöffler*
128 Seiten, kartoniert.

15 **Anthroposophie und Dreigliederung**
von *Benediktus Hardorp*
ca. 160 Seiten, kartoniert.